Get Up Stand Up!

たたかうために
立ち上がれ!
Saku
Yanagawa

産業編集センター

開幕　Overture

　はじまりは突然だった。

　メジャーリーガーを目指し、幼い頃から打ち込んできた野球を肘の怪我で断念。心を注げるものを見失っていた大学2年生の冬、ひとり暮らしのアパートでたまたま点けていたテレビから流れてきたのはニューヨークで活躍する日本人スタンダップコメディアン、Rio Koike氏の映像だった。『笑ってコラえて！』に映る彼は、マイク一本でことばもバックグラウンドも異なる人々を爆笑の渦に巻き込んでいた。とっさに「これや！」と思った。止まっていた時間が音を立てて動き出したあの感覚を今も昨日のことのように覚えている。そして思い立ってからは早かった。衝動的にFacebookで「僕もやりたいです。今からそちらへ飛びます」とメッセージを送りつけた。荷造りを済ませ、翌日授業をサボり空港へと向かった。チケットを持たずに空港に行ったのは後にも先にもあのときしかない。カウンターで一番早くニューヨークに到着する便のチケットを購入し、初めてのアメリカへと旅立った。人生初のネタは飛行機の中で書いた。もちろんそれまで英語でネタをしたことなんてなかった。

　ニューヨークに到着すると、スタンダップコメディのシ

ョーが行われる専用劇場「コメディクラブ」をインターネットで調べ、そのすべてをアポなしで訪ねた。「皿洗いや床磨きをする代わりに舞台に立たせてくれ」と頼み込んだが、訪ねたマンハッタンの16カ所のクラブのうち15カ所はけんもほろろに断られた。今考えれば当然である。どこの誰かもわからない、ましてや英語もたどたどしい若造をステージに上げるほど甘い世界ではない。しかし、そのときなぜかひとりのオーナーが首を縦に振りこう言った。

「今日の夕方、ここに戻って来なさい」と。

右も左もわからなかったが、指定された時間にクラブへ到着すると、すでに10名ほどのコメディアンたちが集まっていた。緊張の面持ちでノートを見返す者や慣れた様子で談笑する者。年齢も人種もバラバラだったが、皆一様に大きな成功を夢見る野心をたぎらせていることは見て取れた。

配られた小さな紙に名前を書き、目の前のバケツに入れる。司会の女性に引き当てられた順番通りにひとりずつ舞台に上がり3分間のネタを披露する。いわゆる「オープンマイク」と呼ばれるイベントだ。客はひとりもおらず、出番を待つコメディアンだけが占める客席はおそろしく広く感じられた。そして笑いなどひとつも起こらない。ここへ来たことを本気で後悔した。ただ、せっかく来たのだから思いきりやりきろうとだけ思い直し、舞台に上がった。な

にを喋ったかは正直あまり覚えていない。しかしその日の出演者の中で一番の反応をもらったことだけは覚えている。アメリカは思った以上に優しいな、とさえ思った（のちにこれが完全なビギナーズラックだったということは、テキサスでスベりすぎるあまり、客からビール瓶を投げつけられてすぐに理解することになるのだが）。

　そしてその日、舞台に立ったコメディアンの中にシカゴから来ている女性がいた。ショーの後、彼女から2日後にシカゴのセカンド・シティという劇場で行われるオープンマイクに出ないかと誘いを受けた。セカンド・シティは当時の僕でもその名を知る、まさにコメディ界の伝説。ブルース・ブラザーズにビル・マーレイなどアメリカの名だたるコメディのスターたちが巣立った場所である。舞い上がる思いで、ふたつ返事で今度はシカゴに飛んだ。

　当日、劇場の一階にあるスターバックスの隅の席でノートに書いた英語のセリフを丸暗記した。頼んだコーヒーの味は緊張のせいかなにも感じられなかった。ショーが始まるまでの1時間余りが永遠のように感じられた。そして、重たすぎる劇場の扉を開けるとそこにはピンと張りつめた冷たい空気だけが流れていた。出番がきて、あの日映画で観た憧れのヒーローたちが立った舞台を震える足で踏みしめた。

思えば、この日の舞台からスタンダップコメディに恋を
している。そして、シカゴという街にも。スポットライト
の下で、背筋を伝うほどの轟にも似た笑い声を一身に浴び
る喜びを知ってしまったのだ。

　こうして 2014 年、僕の「スタンダップコメディアン」
としての人生がはじまった。

CONTENTS

CONTENTS

スタンダップコメディとは?

What Is Standup Comedy?

「スタンダップコメディ」ということばを耳にしても、それがどういう芸能なのかを瞬時にイメージできる日本人は少ないかもしれない。近年、少しずつではあるがスタンダップコメディが日本のメディアでも紹介され、僕自身が自己紹介の際「スタンダップコメディアンのSakuです」と言っても以前よりポカンとされなくなってきた。しかし依然としてその実態に関しては掴みきれていない人も多いのだろうということは、そのあとの会話から推察できる。そこで、この章では僕が身を捧げることになった、多くの人にとっての「新しい芸能」について解説していきたい。

1. みんなスタンダップコメディアン出身！

　「スタンダップコメディアン（スタンダップコメディをする人）」と聞いて頭に思い浮かべる人物はいるだろうか。もし、ピンとこない場合はただ「コメディアン」と想像すれば容易であろう。アメリカのコメディ映画に出てくるスターたちをイメージしてもらいたい。ロビン・ウィリアムスにジム・キャリー、エディ・マーフィーにアダム・サンドラーといったところか。彼ら全員に共通しているのは、皆そのキャリアをスタンダップコメディアンとしてスタートさせているところである。彼らに限ったことではなく、日

本では『Mr. ビーン』などで知られるイギリスのローワン・アトキンソンさえもマイクを握って舞台に立っていた。

　さて、スタンダップコメディについて、まずはその定義からお話ししていこう。多くの人が実に様々な定義付けをする。「政治風刺を含む」だとか「タブーなき笑い」、それから「西洋漫談」と訳す人まで。このどれもが誤りではないが、基本的に「コメディアンがマイク一本で舞台の上に立ち、ジョークを披露する芸能」と定義付けていいと僕自身は考えている。もちろん例外はある。アメリカでも、舞台に上がるや否や「膝が痛いから」という理由で終始椅子に座ってネタをするコメディアンもいた。それではStandupしていないとも思うが。広い会場なのにマイクが用意されていないショーに出演したこともあった。地声を張り上げなんとか乗り切った。

　いずれにせよ、スタンダップコメディアンはなにもない舞台の上で、自分で書いたネタを自分で演出し、主人公として披露する。したがって、彼らが成功の後に映画の世界にすんなりとキャリアをシフトさせることができたのは、この芸能が「脚本」「演出」「俳優」としての能力を同時に求められていることに起因しているのであろう。また近年ではそれらのスキルに加え、「プロデューサー」としての能力も兼ね備えていることが、当たり前のように求められて

いる気がする。たったひとりで行う限りなくシンプルな芸能だからこそ、自分自身を丸ごとプロデュースしてステージの時間を勝ち得なければならないのだ。

　これまで世界10カ国以上で公演してきたが、おもしろいことに、そのすべての国で「コメディ＝スタンダップコメディ」というようにメインストリームの芸能として機能していた。もちろん日本のようにいくつものジャンルの笑いが存在してはいるが、もっとも一般的なコメディのジャンルとして世界中で受容されている。

2.視点を笑いで届ける芸能

　もう少し踏み込んだ定義付けをしてみたいと思う。スタンダップコメディアンとして年間400本の公演をする中で僕自身が感じるスタンダップコメディの定義、そして意義とはなにか。それはおそらく「自分の視点を笑いで届ける」ことだと思う。

　わかりやすく言えば、自分にしか見えない世界を自分のことばで笑いにすることが、スタンダップコメディアンにもっとも求められていること。普段、生活を送る中で多くの人が見過ごしてしまうことを、彼らとは違う角度の意見で「笑い」にして伝えること。そして、自分と意見の異なる人でも笑わせられることこそ、スタンダップコメディ最

大の魅力にほかならない。

その上で、「いいジョークとはなにか」ということを考え続けてきた。もちろんひとことで言い表すことは難しいが、舞台での経験からわかることがある。

まだスタンダップの舞台に立ちはじめて間もない頃、シカゴの劇場で新ネタをかけた。日本でいうダジャレのようなことば遊びのジョークだったが、その日の会場は僕自身も驚くほどの大ウケだった。上機嫌で仲間のコメディアンたちのいる楽屋に戻った。いつもなら、たとえスベっていても「グッジョブ！」とハイタッチをしてくれるはずのあるコメディアンがそのときばかりはなにか言いたげな浮かない表情をしていた。「さてはウケた僕に妬いてるな」とさえ思ったが、彼の口から出たことばは意外なものだった。

「Saku、あのネタはおもしろかったよ。確かにウケてもいた。でも、わざわざお前が言わなくてもいいよな」

一瞬言っている意味がわからなかった。当時は言いがかりにさえ聞こえたが、今ならよくわかる。思うに「いいジョーク」とは「僕が言うからこそおもしろいジョーク」のことなのだろう。つまり彼が言っても笑えないが、僕という人間の口から発せられることで意味が加わりおかしみがあるものこそ、奥行きのあるジョークなのだろう。その点、あの日のことば遊びは確かに彼が言っても同じだけおもし

ろかった。

　だからこそ、多くのジョークがそのコメディアンの「属性」に基づいているのかもしれない。ジェンダーや人種を扱うジョークが多いのも、彼らのアイデンティティに基づく「視点」が投影されやすいテーマだと考えれば頷ける。

　いいジョークを作るには、自分が誰なのかを誰よりも知らなければならないと切に思う。

3. コメディクラブ

　では、スタンダップコメディはどのような場所で行われるのか？

　僕らの主戦場でもあるその場所は、「コメディクラブ」と呼ばれるスタンダップコメディの専用劇場である。365日、毎晩スタンダップコメディの公演が行われており、観客はたいていの場合、飲食をしながら舞台に上がるコメディアンたちに視線を送る。日本のライブハウスをイメージしてもらうとわかりやすいかもしれない。会場にもよるがおおよその収容人数は150人から大きいところでも450人といったところで、週末は一日複数回の公演すべてで立ち見が出るほど賑わう。

　デートでコメディを観に来る人もいれば、家族で楽しむ人、友人グループで誕生日を祝う人に、旅行先でのレジャ

ーとして訪れる人など様々だが、アメリカ人にとってはコメディクラブでのスタンダップコメディ鑑賞はもはや生活の一部と言えよう。

　ここで重要なのは、コメディクラブという場所が「自分と違う視点の人に出会える場所」だということである。先述の通り、スタンダップコメディがコメディアンの視点を笑いで紡ぐ芸能であるからこそ、コメディクラブという場所は、観客にとって、自分とは異なる視点、言い換えれば異なる意見の人に出会い、なおかつそれを笑うことができる場所ということになる。そしてそれこそが、意見を同じくする人々が参加する「集会」との決定的な違いである。

　たとえば、自分自身が民主党を支持しているとして、舞台上のスタンダップコメディアンが共和党支持の立場から

シカゴ最大のコメディクラブ、ラフ・ファクトリー

のジョークを喋ろうが、それを笑っていい空間なのである。そしてそのジョークによって、自分の意見を変えることも求められてはいない。違う意見の人にただ出会い、それを笑えるという空間の豊かさは稀有だ。そしてその日たまたま同じ会場に集った観客同士がひとつのジョークで笑いあえたとき、少なくともその一瞬だけは分断などどこかへ消えて無くなると信じている。

4.政治ネタ?　タブーなき笑い?

　では、実際の舞台ではどんなジョークが披露されているのであろうか?　もちろんひとことで示すのは困難だが、日本のメディアなどで「スタンダップコメディは主に政治風刺をするのが特徴で」という言説をたびたび目にする。間違いではない。今日の日本のTVのお笑い番組に比べると政治を扱うネタが多いのは事実だ。しかし、かといって政治に言及しなければならないというルールなんて存在しない。おそらく日本人が想像するよりもその割合は少ない。ただ、ひとつ言えるのは、話されるジョークの幅は日本のお笑いよりも多岐にわたるということだ。

　日本の現行のお笑いを考えてみると、そのネタの多くが私たちの「生活」をネタにしているのではないだろうか。たとえば、「昨日コンビニに行ったらこんなことがあった」

「うちの嫁はんが〜で」などのエピソード主体の話はもちろん、生活の中での「あるあるネタ」も然り。おそらく日本という国家において、多くの人々が似通った文化に根ざした生活を共有しているからこそ、その生活がネタになり得るのではないだろうか。そしてもしそのような構造があるとすれば、多民族国家アメリカにおいてはそれらがおよそ機能しないという現象が生じる。日本人の僕にとっては当たり前の日常も、コメディクラブのほかの多くの観客にとっては非日常といった具合に。だからこそ、「生活」の範疇を超えた多様なネタのジャンルが存在しているのではないか、と僕自身は考える。「人種」に「宗教」「政治」はもちろんのこと、「科学」をネタにするコメディアンもいれば「ドラッグ」や「セックス」も題材になり得る。

　個人的には、そもそも日本とアメリカの笑いに優劣などないし、それを考えること自体が野暮だとも思うが、それでも国の成り立ちから見ても両者には大きな違いがありそうだ。

　移民が集まり合う中でできた多民族国家アメリカにおいて、これまでジョークが成し得てきた役割は、他者にとって「自分が敵でない」ということを示すものだったとも言われている。大きく文化の異なる両者がジョークを通して歩み寄ることで、「あなたの敵ではないですよ」と示しあい、

お互いの非交戦的な関係性を構築してきたというのだ。それだけに自身の属性を半ば自虐的に笑いに変えるジョークがこれまで伝統的に多く見られてきたのも事実だ。

　また、しばしばスタンダップコメディの枕詞として見かけるものに「攻めた」とか「タブーなき」というものがある。一見、「なにを言ってもいい」と受け止められがちだが、少なくともアメリカの現場にいる人間の感覚からすると大きくかけ離れていると言わざるを得ない。詳しくはChapter 4 でも述べたいと思うが、現在アメリカでは「キャンセル・カルチャー」の動きが活発化している。「キャンセル・カルチャー」とは差別に敏感な文化のことで、近年それらの発言をした人をボイコットしようという流れが急速に強まりを見せている。スタンダップコメディ界においても、過去のたった数行のツイートを掘り起こされ炎上、それが大きな抗議運動につながり番組を降板せざるを得ない事態になるケースが頻発している。今、アメリカは日本よりよっぽど敏感だ。だからこそ、スタンダップコメディアンは、そのギリギリのラインに誰よりも感性を研ぎ澄ませておく必要がある。そしてそのギリギリを批判覚悟で突いていくことこそが、まさに僕らの仕事の醍醐味でもある。ただ、この「ギリギリのライン」というのは時々刻々と変わっていく。極端な話、昨日まではOKだったネタも明日

には言えなくなるかもしれない。だからこそ絶えず勉強しなければならないのだ。無学では舞台に立てないのである。無知のまま舞台に上がることは罪なのである。

　そして決して感覚でやってはいけない仕事だとも心得ている。自分がオーディエンスから、どのような枠組みで理解され得るのかを考えるとともに、たとえばアジア人が、もっと言えば日本人が歴史の中でどのような文脈で理解されてきたのかを学ぶことはステージに上がろうとしている者のひとつの義務なのかもしれない、とさえ思うのである。

5. サクセスストーリー

　僕たちスタンダップコメディアンは、どのようにキャリアを積み重ねていくのだろうか？　よりわかりやすく言えば、一番のサクセスストーリーとはなにか？

　先述した日本でもおなじみのコメディ俳優のように、映画に進出していくのがひとつのゴールとして認識されているかもしれないが、もう少し前の段階から順を追って説明していきたい。

　おそらく現在プロ・スタンダップコメディアンとして活動している者のほとんどがそのキャリアを「オープンマイク」と呼ばれるイベントからスタートさせている。このオープンマイクはコメディクラブで行われていることもある

が、多くは街のバーなどで開催されており、当日に現地で記名さえすれば基本的には誰でも参加できる。したがって、その日初めて舞台に立つ者もいれば、新ネタを試す30年来のベテラン、ただ友人コメディアンたちと飲みに来ている者もいる。その中で皆平等に3〜4分のステージ時間が与えられる。そもそもアマチュアのショーを好んで観に来る観客などはおらず、たいていの場合客席にはコメディアンのみが座る。そして、笑いなどめったに起こらない。初舞台の前の緊張のひとときに他人のネタを聞いて笑う余裕などないのが実情だろう。しかし、そうした中でもきらりと光るなにかがあれば、そこに来ているコメディアンの目に留まることが稀にある。そうなれば彼らが自分で主催して

シカゴで20年以上続くオープンマイク　@コールズ

いるショーに短い時間の枠で出演させてもらえる。このようなプロセスを経て少しずつ大きな舞台を経験していき、クラブのブッキングにまでたどり着くといった具合だ。

そして、コメディクラブのショーには大きく分けてふたつの種類がある。ひとつ目が「Showcase（＝ショーケース）」と呼ばれる形態のショーで、一回の公演（約90分）に5〜7人の出演者がいるというのが通例だ。

「Host（＝ホスト）」と呼ばれる司会がいて客いじりなどで場を盛り上げたのち、代わる代わるスタンダップコメディアンが舞台に上がり、それぞれほぼ同じ持ち時間（10〜15分程度）で自身のネタを披露するというものだ。

もうひとつが「Headliner Show（＝ヘッドライナー・ショー）」と呼ばれるもの。これはヘッドライナーと呼ばれるいわゆる「看板コメディアン」の名前が冠されたショーである。ショーケース同様ホストが場を温め、「Featured（＝フィーチャード）」と呼ばれる「前座」が20分ほどのネタをかけたのち、ヘッドライナーが60分の作品を披露する。

オープンマイクから徐々に経験を積み重ね、ショーケースに呼ばれ実力が認められると、フィーチャードとして声がかかり、ゆくゆくはヘッドライナーとなり、自分の名前でチケットを売りながら全米を周っていくというのが一般的なスタンダップコメディアンたちのクラブ公演でのサク

セスストーリーだ。

　一方で近年では、コメディアン自身が場所を借りてプロデュースする「Indie Show（＝インディー・ショー）」と呼ばれるショーの形態がニューヨークやシカゴで注目されている。自身で企画したイベントをSNSなどを駆使して集客さえできれば、より自由な形で特色のある公演が打てる。インディー・ショーを独自開催できれば、自身の裁量でより長いステージ時間を確保できるので、コメディアンとしての能力にも磨きがかかり、キャリアを高めていけるというわけだ。

　では、そのあと全米規模のコメディアンへと登っていく階段はどのようになっているのだろうか。ひと昔前までならやはりテレビの影響力が絶大だった。ネットワークTV（日本だと地上波に近いか）と呼ばれる大手のテレビ局の帯番組でネタを披露することや、1970年代でいえばジョニー・カーソンが司会を務める『トゥナイト・ショー（The Tonight Show）』というトーク番組がひとつの登竜門的存在だった。NBCの『サタデー・ナイト・ライブ（Saturday Night Live）』のようないわゆるコント番組に出ることや、シットコム（状況設定型のコメディドラマ）に出ることも大きなキャリアアップだったことは間違いない。のちに登場したケーブルのコメディ専門チャンネル『コメディ・セントラル

（Comedy Central）』への出演が一番のゴールたり得た時代もある。そして今現在ではそうしたネットワークやケーブルといったテレビに加え、Netflixで自身の60分の「コメディ・スペシャル」を持つことがひとつの確かな成功の証とみなされる傾向にあり、Netflixに出演した実績を引っ提げ全米でヘッドライナー公演をするというのがトレンドとなっている。

しかしながらメディアの多様化に伴い、「これをしたら成功したと言っていい」と呼べるものはもはや存在しない。成功の道筋も実に多様化しており、インスタグラムやTikTokなどで人気を集めたコメディアンがネットワークの司

Monday, June 17th

Chicago's Best Standup

10:00	Alex Dragicevich (Host)	8m
	Saku Yanagawa	6m
	Sohrab Forouzesh	6m
	Felonious Munk	6m
	Shannon Noll	6m
	Kellye Howard	6m
	Abi Sanchez	6m
	Correy Boyd-Bell	6m
	Chris Bader	6m

ショーケースのラインナップが記された香盤表

会に抜擢された例もある。

　スタンダップコメディアンとして芸を重ねることはマラソンのようだと、評されることがある。山も谷もあるだろうが、走り続けなければゴールテープは切れないし、もしかするとゴールすら存在しないのかもしれない。そして走れば走っただけ、その人の踏みしめた人生が芸に滲み出るはずでもある。僕の道もまだまだこれからだ。止まってはいられない。

6.気になるギャラ事情！

　よくアメリカの舞台でのギャラについて質問を受ける。下世話だなと思いながらも正直に答えることにしている。僕自身、アメリカに行く前は「アメリカン・ドリーム」ということばをやみくもに信じ、日本のそれとは桁違いなんだろうと思い込んでいた。

　先に結論から言えば、コメディクラブレベルのショーでいうと日本の方がはるかにギャラはいい。これまでの僕の経験からすると、シカゴのショーケースに限って言えば、コメディアンの芸歴やキャリアにかかわらず一律30ドル（約3200円）が相場だ。週末、多くのショーにブッキングされると一晩で3会場をはしごなんてこともある。地元で売れっ子コメディアンだという証だ。その場合、たとえば8時

からのショーにＡという会場で出て、８時半からＢでやっているショーに急行しなければならないことがある。そうした場合、Ａではなるべく前半の出番にしてもらい、出番が終わるや否やUber（タクシーを想像してもらいたい）に乗り込んでＢのショーの後半に間に合わせるのだが、この場合の交通費も支払われないのが通例だから、極端な話その日は赤字になる。それではどうやって食べているのだ？　と疑問に思われる方もいるだろうが、およそ90%のスタンダップコメディアンは「Day Job（＝デイ・ジョブ）」といって昼間に別の仕事を持っている。幸い、ダンサーや俳優のようにまとまったリハーサルの時間が必要というわけではなく、自分ひとりで稽古すればいい芸能だからこそそれが成り立つのかもしれない。僕の場合、ビザの関係（アーティスト活動のみが許されている）でデイ・ジョブをすることが叶わないため、これまでコラム執筆などでなんとか食いつなぎ、最近ようやくコメディだけで食べていけるようになってきた。

　ショーケースは一律30ドルと述べたが、もしシカゴでヘッドライナー・ショーをすれば週末だけで800〜1000ドルを手にすることはできる。ただそれも毎週やることは難しいしヘッドライナー・ショーだけをやればいいというものでもない。ネタも枯れてしまう。

ウィスコンシン州ミルウォーキーでの
公演 （2020）

ミネソタ州ミネアポリスでの
公演 （2020）

そうした中で僕たちコメディアンが「ボーナス」と呼んでいるのが地方での公演である。シカゴやニューヨークなどの「コメディの大都市」におけるコメディクラブでのショーでは、正直どう頑張っても大きな黒字を出すことは難しい。しかし「シカゴで毎日舞台に立っている」という権威があれば郊外や他州の公演にヘッドライナーとして呼ばれる機会が増えてくるのだ。そしてその場合、普段の数倍〜数十倍のギャラが保証されていることが多い。

僕はこれを「ユニクロ銀座店」のように位置付けている。銀座店でどれだけ商品が売れても、賃料などを鑑みると大きな黒字を出すことは難しいかもしれない。しかし銀座の目抜き通りに出店しているという「権威」と「信頼」を元手に全国に多店舗展開できれば、結果的に黒字に転ずる。その構造に似ているように思うのだ。

シカゴのクラブという「フラッグシップ」で舞台に立ち続けてこそ、多くの他州から声がかかる仕組みなのだ。

僕もまだアメリカン・ドリームから醒めたわけではない。

7. コメディの都「シカゴ」

シカゴという街の名前を聞いてなにをイメージするだろうか。れっきとした大都市であるにも関わらず、日本にはどこかその魅力が伝わりきっていない印象だ。

シカゴはひとことで言うと非常に文化的な都市。ジャズが最初に花開いた場所であり、音楽でいえばブルースにハウス、ヒップホップも盛んだし、文学でいえば1920年代には「シカゴ・ルネサンス」というムーブメントも牽引した。市街地が大火に見舞われた後即座に復興、世界で最初に摩天楼を築き上げた都市でもある。

　そしてなによりアメリカにおいてシカゴは「笑いの都」なのである。アメリカのコメディは大きく分けて柱となる３つのジャンルが存在し、そのひとつはもちろんスタンダップコメディ。残りは「Improv（＝インプロ）」と呼ばれる即興劇と、「Sketch（＝スケッチ）」と呼ばれるコントだ。

　インプロは、コメディアンたちがセリフの用意されていない中で観客からお題をもらいその場で芝居を作っていくタイプのコメディで、シカゴの即興劇団「セカンド・シティ（The Second City）」がその発祥だと言われている。

　そして、スタンダップコメディ、インプロ、スケッチの大きなシーンをすべて持ち合わせているのはアメリカ中どこを探してもシカゴしかない。コメディクラブも市内だけで４カ所あるし、オープンマイクも一日に約10カ所で行われている。

　成功を夢見るコメディアンの卵たちがシカゴを目指し、アメリカ中からやってくる。そして実に多くのコメディア

ンたちがこの街でスターになり世界へと羽ばたいていった
のである。映画『ブルース・ブラザーズ（The Blues Brothers）』
のジョン・ベルーシや、ビル・マーレイ、スティーブン・
コルベアにスティーブ・カレル、ティナ・フェイなど名前
を挙げればキリがない。彼らはシカゴで活躍したのち、東
海岸や西海岸、つまりはニューヨークやロサンゼルスなど
のテレビ、映画産業へと進んでいったのだ。

　シカゴを日本でたとえるのなら、姉妹都市でもある大阪
をイメージしてもらえるとわかりやすい。独特の伝統的文
化を持ち合わせる「笑いの都」であること、多くの喜劇人
がここから全国区へと羽ばたいていったこと。シカゴのニ
ックネームが「セカンド・シティ（第二の都市）」であること。
シカゴがニューヨークに対して有しているように、大阪も
また東京に対し、ある種相対化する視点を持ち合わせてい
よう。双方ともに人口で見ると実は「第3の都市」という
のもおもしろい（第2位はロサンゼルスと横浜）。

　そんな都市のあだ名をそのまま冠した劇団、「セカンド・
シティ」の話を少しだけ。先述の名だたるコメディアン全
員を輩出したのがこのシカゴのレジェンド劇団、「セカン
ド・シティ」だ。1950年代、ニューディール政策による移
民の流入が盛んだったシカゴにおいて、コミュニケーショ
ン能力を向上させる目的で、即興劇をメソッド化したこと

シカゴの夜景。
あだ名は「セカンド・シティ」

多くのレジェンドを輩出した
セカンド・シティでの公演 （2019）

からその歴史をスタートさせているこの劇団は、『サタデー・ナイト・ライブ』の放送開始当初からキャストを番組に送り続け、アメリカのコメディの歴史を作ってきた。公演のみならず、一般の人や企業向けに多くのクラスを開講しており、必ずしもプロを目指すわけではないシカゴアンたちにもそのメソッドを提供し続けてきた。

　僕も大学時代にアメリカのコメディの歴史を調べる中で、この劇団の存在を知り、いつかその舞台に立つことがひとつの夢になった。オープンマイクという形で言えば、2年ほどで叶いはしたが、そこから正規メンバーとしてプロのショーに出るまでにオーディションに落ち続けた。ようやく2019年に出られたときは天にも昇る思いだった。それ以来ほぼ毎週出演してきたが、いまだに劇場に入るたび襟元を正さねばという気持ちになる。

　シカゴという「コメディの都」で日々舞台に立つことは、僕にとって特別な意味を持つ。ニューヨークやロサンゼルスといった街にはない独自性と歴史。これからたとえそれらの都市に拠点を移す日が来ても、僕は「シカゴのコメディアン」としての誇りを持っていたい。

8. 日本の話芸との比較

　スタンダップコメディと落語の連関について質問される

ことがある。もちろんひとりで行われる話芸という共通項からなのだろうが、僕の前述の定義だと落語もスタンダップコメディのひとつと言えてしまう。しかし、ここで明確な違いとして挙げられるのは、おそらく演者が背負う「伝統」と「オリジナリティ」の比重であろう。

　噺家になる場合、まず弟子入りののち師匠の芸を完コピするところから始まると聞く。そこで身につけた「型」をマスターするからこそ、それを逸脱する「型破り」も存在するのだろう。

　スタンダップコメディアンの場合、師匠のような存在を持たない。もちろんアドバイスをもらうことはあろう。しかし、ネタを引き継ぐことはまずないし、むしろこれまで誰もやってこなかったことをすることで評価される節がある。マクラとのつながりを言及する記事も目にしたことがあるが、落語が「マクラ、本題、サゲ」で緻密に構成されているように、スタンダップコメディも15分なら15分、60分なら60分の中で構成を見せる芸能だ。ただジョークを喋ることだけがスタンダップコメディではないと改めて念押ししたい。

　また漫才との比較をすることも興味深い。通常日本の漫才はふたり組で行われるが、実はスタンダップコメディもかつてはコンビで行われていた歴史がある。1940年代か

ら50年代にかけて一世を風靡したアボット＆コステロというコメディアンがいる。ヴォードビル出身のふたりはいわゆるボケ（FoolまたはComedianと呼ばれた）とツッコミ（Straight Man）という役割で、まさに日本の漫才の掛け合いのような話芸を披露し大きな人気を博した。有名なものに「Who's On First.（誰がファーストを守るんだ）」というネタがある。野球チームを作ろうというルウ・アボットの提案で監督役に扮した彼がバド・コステロに話しかける。ファーストには"Who"という選手、セカンドには"What"という選手、サードには"I Don't Know"という名前の選手を起用すると言うもんだから話がややこしくなる、というシュールな掛け合いだ。ちなみに日本でも同時代的に映画として流入し当時のコメディアンに大きな影響を与えた。後に吹き替えではアボット役を植木等が、コステロ役を谷啓が演じている。

　彼らのスタイルを踏襲するマーティン＆ルイス（いわゆる「底抜けコンビ」）なども登場するが、それらも時代の変遷の中で次第に現在のようなひとりの話芸へと移っていった。理由はいくつか考えられるが、一説によるとギャラの問題だとも言われている。コンビでやるのとひとりでやるのとで、同じ笑いの量で同じギャラなら、ひとりでやった方が合理的ということである。

そしておもしろいのが、日本の近代しゃべくり漫才の礎を築いたとされるエンタツ・アチャコの横山エンタツが1929年アメリカ巡業に訪れた際、当時大人気だったチャップリンなどの出演するヴォードビルを観たという記述がある。ヴォードビルとは歌や踊りがメインのショーで、その合間に「つなぎ」として行われていたのが一説によればスタンダップコメディの起源だと言うが、まさにそこでエンタツもふたりで行うスタイルのスタンダップコメディに触れたという資料が残っているのだ。会場が爆笑に包まれる様子を生で観て大きな影響を受けたエンタツは、日本で相方の花菱アチャコとともに自身の芸に取り入れながらブラッシュアップし、それが日本の近代漫才の源流となったというから驚きだ。エンタツ・アチャコは1950年再び視察のためにアメリカを訪れているのだが、そこで当時大人気だったアボット＆コステロを生で見て感銘を受けたという資料もある。

　このように日本の話芸との接点も少なからず存在するアメリカのスタンダップコメディではあるが、僕自身の経験からするとスタンダップコメディの一番の特徴は「観客との対峙」にあると感じる。

　落語も漫才も対峙しているのだろうが、その対峙がスタンダップではより強烈だ。ひとたびつまらないと判断され

れば、客席から怒号のようなブーイングが飛び交うことは日常茶飯事。観客がネタ中に議論をふっかけてくることもあるし、ヤジが飛んできたらコメディアンはそれに即興で対処し笑いに変える術を身につけていなければならない。

それらはコメディ用語の違いにも反映されている。日本語でいう「オチ」、もしくは「サゲ」のことを英語では"Punch"という。つまり「殴る」という意味だ。そして「ウケる」ことは"Kill"や"Destroy"と表現される。コメディアンは舞台の上から観客を「殴って」「殺し」「壊さ」なければならないのだ。「スベる」ことも"bomb"、つまり「爆弾を落とす」と言うから穏やかではない。舞台に上がった瞬間から客席とコメディアンの間には張り詰めた空気が存在し得るからこそ、"Ice Break"が必要なのである。「客いじり」でさえ「いじる」という生半可なものではなく"Crowd Work"、つまり客席に「働きかけ」なければならない。

あまりいいことばではないかもしれないが、そんな「殺し合い」のような舞台にマイクだけで上がるからこそ、強く立たなければならない。

9. 親しみやすさ vs 論理

アメリカで成功したスタンダップコメディアンの肩書き

を見てみるとそのほとんどが "Standup Comedian & Writer" とある。先述の通り、もちろん自分自身のネタは「ライター」として書くのだが、多くの場合、他者にも作品提供をしていることが多い。コント番組やトークショーの帯番組、または映画の脚本など。これらはたとえ自分が出演していなくとも構成や脚本を担当している。そしてライターとして成功を収めたコメディアンが板に立つ「演者」として多くの番組や大舞台に出演していく道筋が非常に多いのも特徴である。たとえば現在NBCで夜の帯番組に出演しているセス・メイヤーズも、当初は同じくNBCの人気コント番組『サタデー・ナイト・ライブ』にライターとしてクレジットされ、そこから正式なキャストメンバーに抜擢され全米のスターになっていった。

　大きな成功を収め、多忙を極めるコメディアンの中には自分のスタンダップコメディのネタをも自身のライターチームが担っているという話をよく耳にする。

　一方で日本の状況を考えると、お笑い芸人としての活動に見切りをつけた後、「構成作家」や「演芸作家」に転じるケースが多いように見受けられる。作家で成功を収めたのち演者に抜擢され、お笑い芸人として本格的に活動するケースはあまり多くないだろう。

　もしも、日本のお笑い芸人がテレビというお茶の間と地

続きの媒体の中で、視聴者から「親しみやすさ」を求められているとしたら、アメリカのスタンダップコメディアンはむしろ、「論理的な思想」を求められているのかもしれない。

　日本において、「親しみやすさ」にはやや欠けるが、理論の構築や作品の構成に能のある者が作家として活躍し、アメリカでは「論理的な構成」ができるライターたちが、たとえ「親しみやすさ」はなかろうが板の上に立ち、コメディアンとしても活躍し得ると考えればなるほど合点がいく。

　もちろんどちらの国にも、そのどちらの魅力をも兼ね備えている「コメディアン」も「ライター」もいることは承知している。しかし、肌感覚として、アメリカのオーディエンスの多くが、僕自身の作品についてもその「親しみやすさ」よりも「論理」を求めているのもまた事実である。

10.尊敬される 「スタンダップコメディアン」という仕事

　僕がスタンダップコメディアンを目指すきっかけにもなったRio Koike氏とこんな会話をしたことがある。アメリカ人が否が応にも尊敬する「Sから始まるふたつの形容詞」がある。つまり「ふたつのS」を兼ね備えた人が尊敬されるということである、と。

そのひとつ目が"Strong"だ。文字通り「腕っぷしの強い」人を指して"You are strong."なんて言う。アスリートを想起すればわかりやすいだろうが、「強い」イメージの彼らはこれまでアイコンとしてヒーローになってきた。

　一方で、「そのジョークおもしろいね」と言いたいとき、"This joke is funny."や"This is a great joke."と言うよりもむしろ実は"This joke is strong!"とか"This is a strong joke."なんて表現することの方が一般的だ。この場合、Strongは「含蓄があって」「奥行きのある」というニュアンスを連想させ、まさに僕らスタンダップコメディアンがステージ上で目指しているジョークと重なる。

　もうひとつが"Smart"である。日本語で「スマート」と言うと爽やかで端正、すっきりとなんてニュアンスになるが、英語では「賢い」という意味になる。スタンダップコメディアンこそ、この「賢さ」、それも本や教科書から得たいわゆる「Book Smart（＝知識）」のみならず、実際の経験から得た「Street Smart（＝知恵）」が生命線なのである。

　このような「ふたつのS」を兼ね備えているとされるスタンダップコメディアンという仕事は、確かに成功すればアメリカという国において非常に大きな尊敬を集める。これまで、オスカーやグラミーなど、多くのアーティストを表彰するアワードの司会はスタンダップコメディアンが担

ってきた。そこには俳優やミュージシャンを「束ねる」存在としての役割が期待されているに違いない。

　また、そのような国民的行事までいかずとも、コメディクラブで日々行われる舞台においても、ひとつひとつのニュースに関して実に多くのコメディアンがそれぞれの意見を述べる。その出来事について自分はどう考えるのかという視点を笑いにして表明することで、観客からはコメディアンそのものが担う「メディア」としての役割も大いに期待されている。観客はこのコメディアンはこの問題をどう見て、あのコメディアンはどう考えるのか、ということを笑いながら感じ入るのだ。

　だからこそ、たとえば昨年ブラック・ライブズ・マター運動とそれに伴う暴動が全米に波及した際、各々のコメディアンが自分の視点からそれらをどう笑いに変えようか苦心したし、コロナウイルスという題材でさえ、問題の本質に立ち向かおうとするコメディアンが非常に多かった。大統領選という国が二分されたイベントの際にも他政党の支持者にも響く笑いを多くの同志が模索していた。

　先日、ある舞台で「Crowd Work（＝客いじり）」の一環でオーディエンスに尋ねてみた。

　「この中にスタンダップコメディを演者としてやったこととある人はいる？」

驚くべきことに客席の80%ほどが拍手で応えた。確か
にコメディ好きならば一度は舞台に立ちたいと思うかもし
れないが、ここまで立っていたとは想像だにしなかった。
試しにそのうちのひとりに聞いてみた。

　「なんでやめたの？」

　すると、恥ずかしそうにこう答えた。

　「ウケなかったからだよ」

　楽屋に帰ってそのことを共演のコメディアンに言うと、
別段驚きもせず、

　「あぁ、そうだろうね。ウケ続けてきたやつだけが俺たち
みたいにこうしてステージに残っているのさ」

　と、いたずらっぽくそう言った。

　自分にもできる、やってみたいとオープンマイクにチャ
レンジし、そこでスベり、地獄を見て客席側に戻っていく。
その中でもウケた喜びを知り、懲りずに続けている者のみ
が舞台の上に立ち続けている。もしそんな構図が成り立っ
ているのだとしたらおもしろい。

　僕もこの「ふたつのS」を追い求めながら、視点を笑い
で届けるために舞台に立ち続けたいと思う。異なる意見の
両者が互いを笑い合えたなら、今より少しだけ豊かな世界
になるかもしれない。スタンダップコメディにはそれだけ
の力があると信じている。

yron Morton Photo 2018°

終演後、観客とのひととき。サンディエゴにて

コメディクラブ紹介

スタンダップコメディアンの主戦場、コメディクラブ。その中から僕が実際に舞台に立った代表的なクラブを紹介。

ラフ・ファクトリー （シカゴ）

シカゴ最大のクラブ。380人の客席は毎回二階席まで満杯で、立ち見が出るほどの盛り上がり。週末のショーの気持ちよさは格別。本店はハリウッドだが、僕は断然シカゴ派。

セカンドシティ （シカゴ）

これまで数多くのスターを輩出してきた伝説のクラブ。照明に音響、提供されるご飯やお酒まで、すべてが洗練された「一流」の場所。コメディアンなら誰もが一度は立ちたい劇場。

ゼイニーズ （シカゴ）

シカゴでもっとも歴史のあるコメディクラブ。これぞコメディクラブという、お手本のような作り。店内に飾られた、ここで公演したレジェンドたちのパネルは必見。

コメディストア （ロサンゼルス）

1972年に作られたアメリカ最初のクラブ。ジム・キャリーがドアマンをしていたことでも有名。スーパースターが、予告なしに「飛び込み」でやってきて公演していくことも。

アメリカ初のコメディクラブ、
コメディストア（ロサンゼルス）

僕のお気に入り、
ラフ・ファクトリー（シカゴ）

スタンダップコメディアン、Saku Yanagawaとは

Who Is Saku Yanagawa?

この章では、僕自身のこれまでの人生を振り返りつつ、スタンダップコメディアンとしてのキャリアを選ぶことになった経緯や、そのきっかけをくれた人、出来事について記したいと思う。志半ばで綴ることはいささか尚早にも思えるが、それでもこれまでの28年間、確かに生きてきた歩みを僕自身も振り返る機会になればと思う。

1.夢はメジャーリーガー

　思えば高校卒業までの人生のほとんどを野球に捧げてきた。高校の国語教師で野球部の監督でもあった父の指導のもと、ものごころがついた頃にはもうグローブとボールを手にしていた。服飾デザイナーをしていた母の手作りのユニフォームを着て、3歳の頃から毎日のように父と公園でキャッチボールをし、家ではプラスチックのバットで球を打ち続けた。父の厳しすぎる指導に音を上げ、泣き出すと、

　「泣くならもうやめる。泣いているやつとは練習しない」

　と言われる始末。涙をぬぐいながら、

　「やらせてください」

　と懇願する僕の姿に、母が心を痛めていたという話を最近になって聞いた。

　それでもなぜだか野球が楽しくて仕方がなかった。投げ

手作りのユニフォームを着てポーズ。
胸にはYANAGAWAの文字

幼少期からイチローに憧れて
右投げ左打ち

たボールが、ついこの間まで届かなかったベースまでいつの間にか届くようになる、どうしても打てなかった父のボールが、ある日突然打てるようになる、そんな小さな喜びが、小さな僕を野球へと駆り立てた。

その頃の僕はオリックス・ブルーウェーブのファンだった。理由は簡単だ。スター選手、イチローが在籍していたから。独特の振り子打法からヒットを量産する姿は魔法のようだった。そしてあの頃の僕は、なにより彼のその強い肩に憧れた。まるで糸を引いたかのような正確なコントロールでキャッチャーのミットに吸い込まれる通称「レーザービーム」。いつかあんな球を投げたいと思った。当時の本拠地、グリーンスタジアム神戸の外野席で、彼のキャッチボールに釘づけになったのを昨日のことのように覚えている。

そしてもうひとり、幼い僕が心を奪われた選手がいた。松坂大輔。1998年、夏の甲子園をテレビの前で観た。強豪PL学園との球史に残る延長戦を戦うその姿に心動かされた。そしてあのとき「あの場所でプレーしたい」と思った。満員の甲子園球場でプレーする球児の姿がたまらなくカッコよく見えた。松坂とお揃いのミズノ社の「ビューリーグ」というブランドのグローブを父にねだり、毎晩布団の中で抱きしめながら寝た。

そして僕のヒーローたちはその後、海を渡りメジャーリーガーになった。当時、日本人がアメリカでプレーすることの凄みなどわかりはしなかったが、彼らが夢に挑戦していることは、子どもながらに漠然と理解し得た。早起きして寝ぼけ眼でBS放送にかじりついた。

　中学でも野球を続けた。前年、センバツ大会の「21世紀枠」で最終候補に選ばれた桐朋高校へとつながる桐朋中の野球部の門を叩いた。当時の監督だった原口先生はその厳しい指導で有名だった。父のおかげで厳しい指導に慣れてはいたつもりだったが、原口先生は想像以上だった。キャプテンになった僕は毎日叱られ続けた。野球の技術はもちろん、人間性まで徹底的に鍛えられた。毎日が文字通り地獄のような日々だった。あのとき、なぜ辞めなかったのかはわからない。今なら続けられる自信はない。ただ、高校にこのメンバーで行って、絶対にあの甲子園に出るんだ、という希望だけは忘れなかった。結果、一学年上の先輩たちは都大会で優勝という快挙を成し遂げたが、僕たちは都大会すら出られず地区予選で敗退した。悔しさと少しの劣等感だけが残った。

　しかしその悔しさが高校でのモチベーションになった。「このチームで甲子園に」を合言葉に毎日練習に精を出した。桐朋高校時代も田中隆文監督のもと厳しい練習の日々

だったが、あの日テレビで観た、憧れの甲子園球場でプレーしている自分たちのことを思い浮かべるだけで自然と気力がみなぎった。

　運よく1年生のときから試合に出させてもらい、上級生に交じってボールを追った。自分のミスのせいで先輩の高校野球生活を終わらせまい、と必死だった。そして誰にも負けたくなかった。怪我をしていても、先輩を押しのけて試合に出ているのだから泣き言なんて言うべきではないと隠し続けたせいで、今も右手の薬指はまっすぐ伸びないままだ。僕のひとつの勲章でもある。

　今思い返すと、ときに理不尽とさえ思える指導や、厳しい練習に耐えられた理由はふたつ。

　ひとつ目は目標があったから。「甲子園」という球児の多くが夢見るあの場所で、満員の観客に囲まれながら、ショートのポジションにつく。9回ランナー三塁の絶体絶命のピンチに速いゴロが飛んでくる。それを逆シングルでさばき、本塁のキャッチャー目がけて送球。糸を引くような、そして矢のような送球がキャッチャーミットに吸い込まれ、滑り込んできたランナーにタッチされる。球場全体が、一瞬ときが止まったかのような静寂に包まれる中、砂埃の向こう側で、審判が右手を上げアウトのコール。球場は割れんばかりの歓声に包まれる。こんなことを真剣に毎日妄想

高校3年時の大会。主将を務めた　＠多摩一本杉球場

桐朋高校では四番打者として出場　＠府中市民球場

していた。そして、メジャーリーガーになる夢も無邪気に
持ち続けていた。

　もうひとつの理由は、志を同じくする仲間がいたからで
ある。中高の多感な6年間をチームメイトとして過ごした
彼らは本当に気のおけない同志だ。辛く逃げ出したい日々
の中で、みんなで励まし合った。練習後に部室で心の底か
ら笑い合った。あの「笑い」だけは今も不思議で、たとえ
心の中で明日が来ないよう願っていたときでさえ、なぜか
また頑張ろうと前を向かせてくれたのである。ぶつかり合
ったことも数え切れないほどあった。中高とキャプテンを
務めたが、我ながらいくつもの滅茶苦茶をした。今思い返
してもおよそなぜ彼らがついてきてくれたのかわからない
レベルに。それでも今も友人として、こうしてあのしんど

ピンチでマウンド上に集まる　（左が著者）

かった日々を笑い合える彼らとの時間は、僕の人生の財産でもある。

2. きつい練習の中での「楽しみ」

　中高時代、きつい練習の毎日の中で、僕は小さな「楽しみ」を見つけた。音楽と映画だ。それは多くの10代の少年がのめり込むのとなんら変わりはない「楽しみ」だったが、今思うと、当時の僕にとっては「現実逃避」に近かったのかもしれない。精神的にも肉体的にも追い込まれた状況の中で、音楽を聴いたり映画を観ていると、野球のことを一瞬忘れられる気がした。

　もともと少年野球の練習に向かう父の車でビートルズのアルバムに親しんでいたからか、海外の音楽が好きだった。ビートルズが憧れた音楽に触れてみたいと思い立って、1950年代のリズム＆ブルースに遡った。文字通り、聴き漁った。学校の図書館で、本なんて目もくれずCDを借り続けた。チャック・ベリーにリトル・リチャード、ファッツ・ドミノやバディ・ホリー。

　好きなミュージシャンに出会うと、彼らの「ルーツ」となるアーティストを探した。彼らが心を動かされた音楽に無性に触れたかった。このミュージシャンについてなら誰よりも詳しくありたい、そう思った。野球と同じで「誰に

も負けたくない」と思った。

　背伸びをして毎月、『ローリング・ストーン』誌を辞書片手に読んだ。新しく知ったバンドを友人に紹介するわけでもなく、自分だけが知っているアーティストがいることを嬉しく思った。

　野球の試合に向かうバスの中では、当時ハマっていたケルト民謡のコンピレーションアルバムを聴くのがルーティーンだった。アイリッシュ・パンクの祖とも言われるポーグスというバンドの虜になり、彼らのルーツであるアイルランドの音楽を誰よりも聴こうと躍起になっていた頃だった。今考えると、丸坊主の高校球児がイヤホンで聴いている曲には似つかわしくない。

　映画も観た。お気に入りだったのがアメリカのコメディ映画。試合で打てなかったり、監督に怒られたりした日、それらはまさに「薬」だった。異国のコメディアンが異国で行う破茶滅茶は、明日の練習への憂鬱さを、しばしの間吹っ飛ばすには余りある楽しみだった。

　特に好きだったのは、ジム・キャリー。全身をふんだんに使ったコミカルな演技はアメリカ文化や英語を解さない日本の球児にも十分すぎるぐらいにおもしろく感じられた。彼のすべての作品の、すべてのセリフを空で言えるまで（と言っても日本語字幕をだが）、繰り返し観た。ここでも、負け

たくなかったのかもしれない。

　そして、もう一本。映画『ブルース・ブラザーズ』に恋をした。1980年公開の、ジョン・ベルーシとダン・エイクロイドが主演のシカゴを舞台にしたコメディ映画で、僕にとっては初めて、心の底からカッコいいと思えたコメディ映画だった。そして音楽とコメディが交わった瞬間でもあった。映画を観終わって、初めて全身に鳥肌が立った。そして、いつかシカゴという街に行ってみたいと、あのとき漠然と思った。

3.挫折

　「甲子園出場」を信じ、ひたすらに白球を追い続けたが、その夢はついぞ叶わなかった。2010年、高3で迎えた最後の夏の大会では第一シードの日大鶴ヶ丘高校に敗れ、僕の高校野球が終わった。試合直後、泣き崩れるチームメイトたちの横で、なぜだか涙は湧いてこなかった。泣きたいほどに悔しかったが、それよりもふがいなさと情けなさが勝った。その年、甲子園の中継はひと試合も観ていない。

　それでも希望は失わなかった。高校野球を引退して一週間が立った頃には、「大学で必ず全国大会に行く」と心を切り替えた。そして、進路を大阪大学に決めた。当時、大阪大学の野球部は「もっとも神宮（大学野球の全国大会が行われ

る球場）に近い国立大学野球部」と呼ばれていた。加えて、文学部には演劇と音楽を研究できる専修があったため、そこで好きなだけ学びたいという思いが強まった。

　こうして受験生としての生活が始まったわけだが、思うように成績は伸びない。それもそのはずで、チームは「文武両道」を掲げ、勉学にも励むことを信条としていたものの、僕自身の姿勢はそれとは程遠く、日々の学習に当てなければならないはずの時間に、映画や音楽を楽しんでいたのだから当然とも言える。

　なんとか得意の詰め込みで入試当日を迎えたが、よりによって当日、当時付き合っていた彼女にフラれ、あと数点のところで不合格となった。後期試験でも同じ大阪大学文学部を受験したが、そこでも吉報は届かず、あえなく浪人となった。

　彼女にもフラれ、大学受験も失敗し、そしてその年の3月11日、東日本大震災という未曾有の大災害が日本を襲った。リタイアしたのち福島に移り住んでいた祖父母も大きな被害を受けた。すべてがうまくいかない、とさえ思った。

　浪人時代は駿台お茶の水校で過ごした。正直、思い出はあまりない。この現実をなんとか抜け出したい。その一心でただただ必死に勉強した。高校時分、知識を詰め込むだけの勉強なんてなんの役に立つんだ、と思ったりもしたが、

そんなことを考える余裕なんてなかった。とにかく、抜け出すためだけに毎日朝から晩まで机に向かった。

　今思えば、予備校は独特の空間だった。学生の多くが、おそらく人生でもっとも大きな挫折を経験して、あの教室に座っていた。そして19歳という青春の真っ只中の1年間を、受験勉強というたったひとつの課題のためだけに費やすのである。僕がそれをできたのも、ひとつには高校野球での挫折と、それを大学で見返すという目標があったからだと思う。

　そうして2012年3月、桜は咲いた。合格発表の直後、僕はグローブを持って、すぐに母校のグラウンドへ向かった。1年間の浪人生活で鈍った体を大学野球のために鍛え直さなければならなかった。

　4月。大阪大学文学部に入学した。そして、僕はなんの迷いもなく野球部の門を叩いた。

4.親友「はっつぃ」

　中高時代からの親友に初馬（通称 はっつぃ）という男がいる。野球部時代はチームのエースを務めた。誰よりも努力家だった。毎朝、一番にグラウンドに現れては、黙々とランニングをしていた。成績だってつねに学内トップクラスで、いつも授業中、ノートの右半分は空白にして取ってい

た。次の授業までに「復習」してくるのだ。左側に取った板書を、右ページにもう一度そのまま書き写してから次の授業を迎えていた。そんなはっついはみんなから尊敬され、好かれていた。

　当時僕はなぜだか、そんなはっついが嫌いだった。誤解のないように言うが、チームメイトとしては信頼していたし、お互い友人としてリスペクトはしていたが、なんというかイケ好かなかったのである。はっついだって僕のことが嫌いだったに違いない。キャプテンなのにランニングはサボるし、傍若無人な振る舞いもしていたから。それでもお互い、野球では負けたくないと思っていた。

　はっついは現役で東大の文一に合格した。当然である。僕たちの誰もがそれを疑わなかった。そして野球部に入部した。一年生の春からエースになった。六大学の舞台で、甲子園を湧かせた打者たちに堂々と立ち向かい、好投を続けた。あたかもこの目で見たような言い方をしたが、僕は見ていない。むしろ見ないようにしていた。浪人中の僕は、野球をやりたくてもできなかった。はっついの活躍が伝わり聞こえれば聞こえるほど、唇を強く噛み締めた。

　高校時代、チームは「柳川の代」と言われていた。主将を務めていたからであろう。浪人中、後輩の試合の応援に駆けつけると、ある年の離れたOBに何年卒かと聞かれ、卒

業したばかりだ、と答えるとこう言われた。

「あぁ、初馬くんの代ね」

それがたまらなく辛く突き刺さった。今考えると、それが自分の器の小ささを物語る。しかし、当時本当にキツかった。

だからこそ、大学で野球をすると決めたもうひとつの理由には、大学野球というフィールドで「はっついに勝つ」というものがあった。先述の通り、阪大野球部は全国大会にもっとも近い国立大学と言われていた。全国大会に出場して、自分の存在をもう一度知らしめたいと拳を握りしめた。

しかし、いざ大学の野球部に入ってみるとすべてがうまくいかなかった。高校の頃から兆候の見えていた肘の痛みが増し、思うようにボールが投げられなくなっていた。自信のあった肩が使えなくなったとき、自分が自分でなくなった感覚にさえ陥った。所属する近畿学生野球連盟というリーグも、華やかな東京六大学とはかけ離れていた。応援に駆けつける学生など皆無で、大学野球の応援の代名詞と思っていた「母校の校歌」さえ覚えられなかった。

「開幕 Overture」で僕は「野球を肘の怪我で断念し」と書いた。確かに嘘ではない。しかし、真実でもないのかもしれない。怪我をしていても、おそらく手術をすれば治っ

たであろう。でも、僕はしなかった。

　そして一年生が終わろうとしていた2月、退部届を提出した。理由は本当にひとつだけ。はっつぃに勝てないと思ったから。すべての野球道具ははっつぃに託した。

　ものごころついたときからずっと生活の中心にあった野球を、こんなにもあっさりやめるとは思っていなかった。僕の中での感覚でいうと「やめた」というより「逃げた」に近い。はっつぃに勝てないと思い、僕は野球から逃げた。そして、コメディを見つけた。

　テレビでスタンダップコメディに出会ったあの日、僕は決めた。

　「一番になる」と。

　はっつぃとは後日談がある。東大の法学部を（案の定）優秀な成績で卒業した彼は、報道の道を志し、NHKに入社した。新潟県に配属されたはっつぃは記者として多くのニュースを担当していたが、自分の思い描く報道のあり方と現実とのギャップに疑問を感じている、と呑むたびに言っていた。

　そんな折、僕がアフリカ公演をした。ルワンダやウガンダ、ケニアを廻って舞台に立つ様子を見て、彼は思ったそうだ。

　「このまま俺が報道をここでやっていても、朔に勝てない

高校野球最後の試合。
マウンド上のはっついに声をかける著者

日本で親友はっついと

な」

　そしてはっつぃはNHKを辞めた。あいつが弱音を吐くことは中高時代、一度も聞いたことがなかった。辞めようか決心がつかないでいるはっつぃから電話がかかってきたとき、僕はこう伝えた。

　「逃げればいいやん」

　あいつも僕のせいでNHKを辞めた。NHKから逃げた。そして弁護士の資格を取るために東大のロー・スクールに戻っていった。あのときはっつぃと初めて本当の意味でわかり合えた気がした。

　今でも日本に帰ったら、はっつぃに真っ先に会うと決めている。一番の親友だ。僕もはっつぃも逃げた。でも決めている。逃げた先で、必ず一番になる、と。

　はっつぃとは将来、必ず一緒に仕事をすると決めている。

5.大阪大学時代

　野球を辞めてからの大学生活は本当に充実していた。

　文学部では、２年生になる頃、研究室を選ぶことになる。迷わずに「演劇学・音楽学」研究室を選んだ。好きなことを好きなだけ研究できるなんて、夢のような環境だと思った。研究室には実に様々な研究テーマを持った大学院生たちがいた。能や狂言などの伝統芸能に加え、ベケットやイ

ヨネスコなどのヨーロッパ演劇。知らない世界に触れ、また あのときのように全部観てみたくなった。この目で彼ら の心を動かした芸術を見たいと思った。

　高校までの勉強が、人から「これをやるといいことがあ るよ」「これをやりなさい」と言われたことをこなすものな ら、大学の勉強は「自分が心を注ぐもの」を突き詰めるこ とだ、と悟った。「誰にも負けたくない」「これのためなら 寝なくてもいい」とさえ思えるものを掘り下げることだ、と。

　そして野球から逃避するために楽しんでいた音楽や映画 の体験が、このときやっとつながった。僕が体験してきた 芸術が、「学問」としてどう扱われているかを知ることは新 鮮そのものだった。

　大学2年生の2月、ドイツ演劇のスペシャリストで、当 時演劇学研究室の教授だった市川明先生が演出するブレヒ トの作品をドイツで上演した。その際、主要な役どころで ある「シンガー役」に抜擢され、アウクスブルクで舞台に 立った。公演は現地の新聞でも大いに称賛され、現地のア ーティストとも語らいをする中で、作品に関わる喜びを知 った。あのとき確かに僕の心に火がついた。

　そうして3年次にアメリカのコメディの世界に飛び込ん だ僕は、帰国後ある計画を立てた。当時阪大が行っていた 事業に「課外研究奨励事業」というプログラムがあった。企

大阪大学文学部、演劇学研究室。
貴重な資料がたくさん

ドイツ、アウグスブルグでの公演。
現地の俳優たちと（2014）

画書を作成し、研究テーマをプレゼンし、それが採択され
ればグループ研究に対しての予算が大学から最大200万円
支給されるという仕組みであった。コメディを創ろうと思
った。

　思い立ってからは早かった。学部も専門も異なる友人に
声をかけ、10人のメンバーが揃った。「若者の若者による
グローバルな喜劇の制作」と題し、箕面市立メイプルホー
ルで僕の描く2時間の公演を打つ計画を立て、その日のう
ちに事業計画書を書き上げた。

　そしてそれが無事採択されると、「アメリカのコメディの
現状視察」という名目で、また単身アメリカに飛んだ。そ
してコメディクラブでのオープンマイク修行を1ヶ月した
のち帰国した。

　箕面市にも掛け合った。市の職員である荒木さんの尽力
で、市もフルサポートしてくれることになった。市の芸術
支援補助金も獲得し、その後市長にも表敬訪問することが
できた。僕が思いつきではじめたこの企画はいつの間にか
多くの人を巻き込み、想像もしていないところまで行って
しまった。そこまでしたはいいものの、僕の遅筆のせいで
一向に脚本が出来上がらず、メンバーには多大なる迷惑を
かけたが、阪大生による「グローバルな笑い」を追求した
「Comedy Night at Minoh」は満員御礼で成功を収めた。日

「Comedy Night」(2016)
狂言を取り入れたコント

倉田前箕面市長を表敬訪問
(2014)

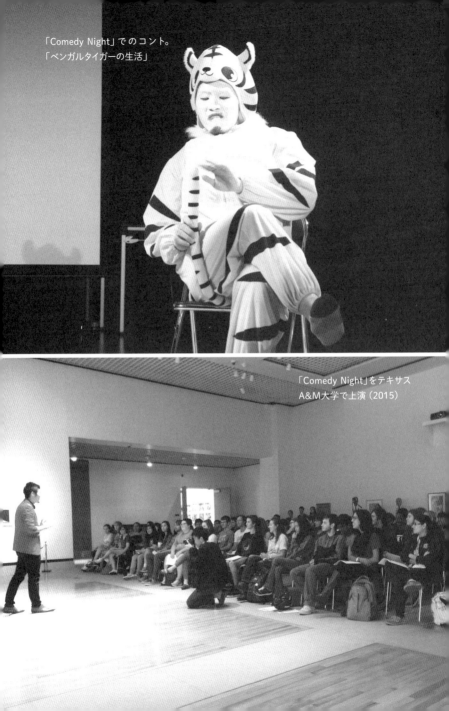

「Comedy Night」でのコント。
「ベンガルタイガーの生活」

「Comedy Night」をテキサス
A&M大学で上演（2015）

本の伝統的な「コメディ」である狂言と、アメリカの笑い
を掛け合わせ、それらを字幕付きで上演したのだ。

　そして上演に至るまでの過程を論文にまとめあげたもの
が「課外研究奨励事業」の金賞を受賞するというオマケま
でついた。阪大の年間最優秀研究に選ばれてしまったのだ。

　これで４年生になった僕はますます調子づいた。この作
品を同じメンバーで、今度は海外に持って行こうと決めた
のである。そして「未来基金グローバル研修」に企画書を
書いて応募し、これがまた採択されたのである。阪大の提
携校すべてにアポを取り、上演が可能な大学を探した。テ
キサスA&M大学が受け入れてくれることになったので、先
述の作品をよりブラッシュアップさせ、２時間のスケッチ
（コント）作品を創り上げた。結果は大成功。「Comedy
Night」はついに海を越えた。

　ちょうどこの頃、卒業後はプロのコメディアンになるこ
とを決意した。周りの友人たちは就職活動をしていたが、僕
はこの道を歩むことになんの迷いも持たなかったのである。

　「軽い気持ちで」というわけでは決してなかったが、学生
という「社会に守られた立場」から、僕はこの大きな決断
を下した。当時でさえ、きっと辛く険しい壁が立ちはだか
ることは理解していたつもりだが、今思えばあのときはま
だなにもわかっていなかった。

6.英語

よくこんな質問を受ける。

「英語はもともと得意だったんですか」

自信を持って首を縦に振ることはできない。話を桐朋中高時代に戻そう。

英語を初めて「勉強」したのは、おそらく日本人のほとんどがそうであるように中１の英語の時間だった。担当の田中敦英先生は東京外国語大学卒の26歳で、ネイティブスピーカーさながらの発音で憧れた。自身のことを「トニー」と呼ばせる彼は、当時としては珍しかった「シャドーイング」や「オーバーラッピング」という手法を用いて僕らに英語を教えてくれた。ネイティブの声が吹き込まれたCDと同じ速さで音に重ねて発音する練習法のことで、これによって最初から、カタカナ英語ではない「生きた英語」を学ぶ環境が整っていた。

しかも僕らは男子校。思春期にありがちな、「女子の目を気にして〜」ということとは無縁のノビノビできる環境だった。当時は気がつかなかったが、カタカナ英語を脱した発音をするとからかわれてしまう風潮もなかったのは、貴重な空間だったのかもしれない。

現実逃避で享受していた多くの音楽や映画も、そうした

中高6年間を男子校で
のびのびと過ごした

リアルな英語との距離感を縮めることに一役買っていたに
違いない。

　しかし僕の場合、英語の成績となると、てんでダメだっ
た。まず、文法がわからない。わからない、というより圧
倒的な勉強不足だった。野球部引退後、単語やイディオム
を詰め込み付け焼き刃で勉強したが、最終的に入試でも、や
はり英語が足を引っ張った。

　浪人に際し心に決めた。英文法を一から叩き直そうと。

　幸い、駿台はそれには最高の場所だった。今になって思
えば「いつ使うんだ」という、まるで重箱の隅をつつくよ
うな細かい文法問題を大量に解かされた。それでもことば
のルールを学んだあの一年は決して無駄ではなかった。今
でもネタを書くときに、駿台で嫌というほど目にした「so
that構文」や「SVOC」を多く使っている自分に気づかさ
れる。

　そうこうして大学に入ったわけだが、入学当時から「大

学の4年間で英語を話せるようになろう」と目標を定めていた。だからこそ、実は野球をやめた直後、語学留学と演技習得のため、大学のプログラムを用いて5週間のイギリス短期語学研修に参加している。

　個人旅行以外で初めてとなる海外での長期滞在に、期待で心を躍らせていたが、2日目にロンドンの地下鉄で財布をすられ、幸先の悪いスタートとなった。滞在中、なるべく多くの場所に出かけ、なるべくたくさんの現地の人々と触れ合う中で英語をマスターしようという僕の野望は、一瞬にして「金欠」という形でついえたのである。それからは極度の緊縮財政で乗り切りを図り、スーパーで見つけた1ポンドで買える特大の「メントス」で食いつないだ。しかし、残り一週間となったとき、ついに体調にガタがきた。これではまずいと思い、引き出しにしまっておいたなけなしの36ポンドを握りしめ、街の楽器屋へと向かった。そこで中古のフェンダーを買い、翌日ストリートに立った。「I Lost My Wallet」という曲を作り、演奏した。ギターピックを買う余裕はなかったので、ジャケットのポケットにたまたま入っていた一円玉を使った。街ゆく人の優しさで24ポンド集まった。結局12ポンド失っていることになるのだが、そのお金で買ったサンドイッチの美味しさは今でも忘れられない。

当初の思惑とは少し違った形にこそなったものの、5週間のイギリスでの体験は僕に少しの勇気をくれた。というのも、世界各国からやってきた留学生たちと同じ教室でディスカッション型の授業を受けていたのだが、彼らの英語は完璧ではないし、それこそ駿台では大きなペケをもらうものばかりなのに、まるで「それがなにか？」と言わんばかりに自信を持って話していたのである。「これでいいんだ」と思わせてくれた。そして、なにも話せずにいる自分にもどかしさを覚え、「話さなければその空間にいないも同然」とみなされることを学んだ。

　だからこそ、帰国後、阪大の留学生たちと積極的に関わろうと決めた。実は大阪大学はもっとも多くの留学生を抱える国立大学で、バックグラウンドも母語も異なる学生が

イギリス留学時代、世界中からやってきた留学生たちと

世界中からやってくる。BSPという、留学生との交流サークルで彼らとの対話を英語でするうちに、自分の言いたいことが少しずつ伝えられるようになってきた。名所を案内したり、日本文化を英語で紹介する中で、その楽しさと、また難しさにも触れた。今でもFacebookなどで、彼らとは頻繁にやり取りをする。いつか世界中に住む彼らを訪ねたいとも思う。

　また、論文を書く上でもたくさんの英語の文献を読まなければならず、文字通り血眼になって読んだ。音楽や演劇のみならず、アメリカ文学の授業も多く取っていたので、ヘミングウェイの骨太の文章を理解するのに苦心した。

　このように大学時代に「英語力」を大きく向上させることができた、という自負はあるが、一番鍛えさせてくれたのは、疑いようもなくスタンダップコメディの「ステージ」だと思っている。初めての舞台では、カタコトだったに違いない。それでも、なぜかウケたのは、「伝えようというエネルギー」が強かったからだと思っている。

　よく「英語がうまいですね」と言ってくださる方がいるが、僕自身、自分の英語が「うまい」と思ったことは一度もない。スタンダップコメディは文字通り「口だけ」の芸能である。頼るものは自分の口しかないのである。そんな中で、その「口」がネイティブスピーカーでないことは大

きなディスアドバンテージになる。しかし一方で、だから
こそ、僕が「伝えようとするエネルギー」はネイティブス
ピーカーのコメディアンよりはるかに強いと自負している。
伝えて、届けて、笑わすんだ、という気概でここまでやっ
てきた。

7.卒業後、ぶち当たる壁

　「アメリカでプロ・コメディアンになる」と決めて大学を
卒業はしたものの、その「道」は平坦ではなかった。とい
うかむしろ、「道」なんてものは整備されていないどころか、
存在すらしなかった。今までアメリカでスタンダップコメ
ディをした日本人は片手で数えられるほどしかいない。し
かも彼らのほとんどがまず違う職業や目的でアメリカに渡
り、紆余曲折がありコメディに落ち着いている。僕の場合、
ビザだってなかったし、簡単にアメリカに住みたいと思っ
て住める状況でもなかった。

　考えた末に、「日本でできることをすべてやりきってから
アメリカに渡ろう」と決めた。そしてスタンダップコメディアンに必要不可欠な「演技」を磨くことにした。

　大学の卒業を翌月に控えた2016年2月、東京の「アップス・アカデミー」のオーディションを受けた。「アップス・アカデミー」はハリウッドでキャスティング・ディレ

クターを務める奈良橋陽子氏の主催する俳優養成所で、アメリカなどでは主流の「メソッド演技」を学べる日本では数少ない場所だった。

　合格の通知が来たときは嬉しさと同時に、身の引き締まる思いがした。「もう学生ではない自分」がこれから過ごすアップスでの2年間を有意義たらしめなければ、という自戒を込めて初日のレッスンに向かった。

　日々の授業は新しいことばかりだった。そして、それらを必死に吸収しようとした。成功を夢見る俳優たちとの稽古の毎日は色濃く記憶に残っている。

　この年、長期休暇を利用してアメリカにも約半年間滞在し、舞台に立ち続けた。この頃、ようやくオープンマイクから徐々にインディ・ショーにブッキングされるようになってきた。そして9月、夢だった「ラフ・ファクトリー」というコメディクラブの舞台を初めて踏んだのである。とは言っても、これはまだラフ・ファクトリーで行われたインディ・ショーであった。つまりラフ・ファクトリー自体にブッキングされたわけではなく、このクラブでコメディアンが行う自主公演にキャスティングされたに過ぎなかった。それでも舞台からの景色は最高で、また必ずここに戻ってくることを心に誓った。

　日本に戻り、年度末に行われたアップスの「修了公演」

というものに出演した。自分の俳優としての出来に満足する部分はあまりなかったが、通常2年間のコースの2年目を受講しないことに決めた。

　日本にいられるこの1年間をやはりスタンダップコメディアンとして生きよう、と腹をくくった。しかし当時、スタンダップコメディアンとしての収入はおろか、日本には立てる舞台すらなかった。そんなとき、当時住んでいた中野で、あるレストランの看板を見かけた。「マハロア」というそのハワイアン・レストランは、店の中に立派なシアター設備があり、週に数回、ハワイアンダンスなどのイベントが催されているとのことだった。

　行ってみよう、と思った。半地下にあるお店に自分のプロフィール資料だけ持って押しかけた。

　「このお店で毎月僕のショーをやらせてください。お客は僕がなんとか集めますから」

　オーナーの窪寺氏はその日のうちに許可をくれた。こうして「Saku's Comedy Night」がはじまった。このイベントは作・演出・出演をすべて僕が行う公演で、毎月プロモーションも自分ひとりでやらなければならなかった。会場のキャパはおよそ40人で、2回公演だったため、毎月単純計算でも80人を集客しなければならない。この80人という人数が簡単なようで重くのしかかった。「スタンダップ

コメディ」という見知らぬジャンルのコメディを、テレビに出ているわけでもない見知らぬ若造がやっているだけのショーに誰がお金を払って来るだろう。だからこそ頼りは「知り合い」だけだった。友人を含め携帯の「連絡先」にある人たちに「営業メール」を送り続けた。迷惑に感じた人も多かったに違いない。そんなことは百も承知だった。でも、それだけ来てほしかった。生活がかかっていた。コンテンツにも自信があった。今でもあのときに足を運んでくれた方々に感謝している。

　正直、一度きりの公演なら80人を集めることはそこまで難しくはない。しかしそれを継続的にやり続けることの難しさを嫌というほどに感じた。ある月は３人しかいないなんてことも経験した。

マハロアで定期上演した「Saku's Comedy Night」

それでも日本にいるうちは定期上演し続けた「Saku's Comedy Night」だが、2018年の「Grand Final」公演で300人を動員し幕を閉じた。もちろん多くの方々の支えがあってのことなのだが、これらの公演をやり切れたことは僕のひとつの誇りでもある。

8. 人生を変えた「草野球」

そしてもうひとつ、大学卒業後にはじめた新しい活動がある。「草野球」だ。

もともとマハロアでの公演でスベりきったある日、意気消沈で向かった隣接するイタリアン・レストランからすべてははじまった。カウンターでマスターに声をかけられた。

「君、身体おっきいけど、なんか運動してたの」

「高校まで野球やってました」

「あ、そう！　ちなみに毎週、月曜日空いてる？　草野球チームあるんだけど来ない？」

なんの予定もなかった。ふたつ返事で行くことにした。ただ、野球はあの日「逃げて」以来していなかった。それでもなぜかそのときは、参加することに抵抗はなかった。

「どうせ所詮は草野球だろう」

とさえ思った。

当日、僕が参加したのは「東京ルーモアズ」という名前

のチームで、その歴史は僕の人生より長いという。元々「新宿ロフト」というライブハウスで活動していたミュージシャンの作ったチームだ。

「所詮は草野球」と思っていた僕が間違いだった。月曜の朝からだというのに、みんな揃いのユニフォームで、チーム用具もバッチリ揃っているという気合いの入れ用。しかもファーストには伝説的ドラマー、池畑潤二氏がいた。大学のとき、日本のロック史の講義で教科書に出てきた人物である。なにがなんだかわからなかった。

ただ、久しぶりの野球は実に楽しく、ブランクはあったものの初戦は猛打賞を記録した。そして、翌週も行くことになった。そして翌々週もその次の週も、と参加していくうちに僕はいつしか「メンバー」になった。そして同時に「草野球」という最高の趣味を見つけてしまったのだ。

ルーモアズは通称「草野球界のレジェンド」が指揮を執っていた。年間150試合に出場する田中ゲンショウ氏だ。元ブルートニックのドラマーで、現在も陣内孝則さんのバンド、ザ・ロッカーズやホフディランなどのサポートドラマーとしても活躍する彼は、5つもの草野球チームに在籍し、毎日、それも複数試合に参加する精の出しようだった。当然、ルーモアズのみならず彼の在籍するまた別のチームにも呼ばれることとなった。

そのひとつ、毎週火曜日に神宮外苑軟式球場で行われていた「茜リーグ」には、かつて水島新司先生やたけし軍団も所属していたといい、改めて草野球の歴史を感じさせられた。

　またピエール瀧さんの所属する「東京大リーグ」のチームにも参加する運びとなり、僕の平日はあっという間に草野球一色になった。

　そして文字通り、この草野球が僕の人生を変えた。この草野球を通して出会った方々に語り尽くせぬほど、世話になってきた。仕事の面でも、これまでになかった大きな機会を作っていただいた。

　ゲンショウさんは金欠状態の僕を、自身の経営するバーでバイトさせてくれたし、毎週野球の後はご飯に連れて行ってくれて、たらふく食べさせてくれた。

　大学時代のレポート作成の際、Google検索で上位の結果に「喧嘩強い」と出てきていたため、すっかり恐れていた池畑さんも、優しさの塊のような方だった。今でも「元気にしているか」とメールをくれる。後述するが、フジロックへの出演も池畑さんのおかげで実現した。

　ゲンショウさんのチーム、「ヤング田中」でキャプテンを務める、ロックバンドScoobie Doのドラマー、岡本Moby拓也氏も大のカブスファンというつながりで公私ともに非

所属する草野球チーム「ヤングタイガ」の
チームメイトと

現在も帰国した際は積極的に
プレーする

常にお世話になっている。

　本当にほかにも挙げればきりがないくらい、多くの方々にお世話になってきた。草野球でできた「つながり」は計り知れない。

　ただ、ひとつ言えることは、「コネ」を作るために草野球をしたことは一度もない。僕はただ、純粋に野球を楽しんで、一生懸命プレーしただけである。なんの打算的な感情もなく、ちょうど高校野球をしていたあの日のようにただボールを追いかけた。

　高校まで、歯を食いしばりながらやってきた野球と、もっと言えば「野球道」というものが、こうして多くの素敵な出会いを作ってくれたのだとしたら、あの日々も無駄ではなかったんだなと感慨深い。

9. 恩師、デーブ・スペクター

　そして、もうひとり、筆舌に尽くしがたいほどお世話になったのが、デーブ・スペクター氏だ。

　意外にも、日本でその経歴を知る人は少ないが、アメリカのコメディの最前線を歩んできた人物でもある。シカゴ出身の彼は、若かりし頃、先述のコメディ劇団「セカンド・シティ」の舞台にも立っている。また、女性スタンダップコメディアンとして初めて全米で認知された「レジェン

ド」、ジョーン・リバースに、「ライター」としてジョーク提供もしていたという。スタンダップコメディをその目で見続け、そして関わり続けてきた、まさに「生き字引」だ。

大学時代、シカゴで舞台に立ちはじめた頃、多くの書籍でアメリカのコメディの歴史に触れる中で、それまで知らなかったデーブさんの「凄さ」にようやく気がついた。そして、日本に戻り、思い切って手紙を書いてみた。便箋10枚に思いの丈を綴った。今思うとなにもわかっていない、ただただ生意気な手紙だった。

「僕は必ずアメリカで成功します。成功するまで続けます。これまで、日本人がスタンダップコメディで成功するのは無理だと言われてきましたが、僕が無理だという人をまだ聞いたことはありません。僕も日本からアメリカの人を笑わせる『逆デーブ・スペクター』になりたいです。いつかお会いできたら嬉しいです」

別に返事など期待していなかった。ただただ伝えたかった。当然、事務所宛に送りつけた手紙には返事は来なかった。

それから2年ほどが過ぎたある日。「出会い」は突然やってきた。テレビ関係の仕事をする友人が、デーブさんをよく知るということで、紹介してくれることになった。メールアドレスを渡されたが、どう送ればいいか悩み、書い

ては消しを繰り返した。ようやく自己紹介にネタの動画を添付して送ると、すぐに日本語で返信が返ってきた。

「あのときの手紙の方ですね。そのあと載った『ジャパン・タイムズ』の記事も読みました。ネタの動画も見ました。最高です」

あのとき、ダメ元で送った10枚の便箋が僕の未来を作った。

それ以来毎日メールのやり取りをしている。大きな舞台をやってのけたとき、出たかったショーへの出演が決まったとき、そして盛大にスベったとき、いつも一番に報告するのはデーブさんだ。そして、どんなときも、テレビ画面の中と同じ、あのいつもの「クール・ギャグ」でそっと背中を押してくれる。スタンダップコメディの「道」を示してくれるデーブさんには感謝してもしきれない。

あの手紙を送った日から変わることなく、「シカゴの先

恩師、デーブ・スペクターさんと

輩」として、「セカンド・シティの先輩」として、なにより「異国の地で笑いを届ける先輩」として、尊敬している。

そして、あの手紙に書いたことも、今も変わらず思い続けている。

10. アーティストビザ獲得記

アメリカでアーティスト活動をする際に避けては通れないのが、「アーティストビザ」こと O-1 ビザの取得だ。このビザがなければ、テレビや舞台に出演することはおろか、合法的にギャラをもらうことさえできない。しかし、この O-1 ビザの取得がなかなか厄介で、僕の前にも高い壁として立ちはだかった。

というのも、申請者はアメリカの移民局に「自分がどれほど優れたアーティストなのか」を示し、認めさせなければならないのだ。そのための一般的なプロセスとしては、まずアメリカ国内に雇用主となってくれるビザスポンサーを見つけ、ポスターや新聞などすべての目に見える「実績」をかき集め、それを英訳する。その上で、向こう3年間の仕事の契約書を作成し、さらに著名な人物から最低5通「推薦書」をもらわなければならない。

どこかの「団体」や「事務所」に所属しているアーティストの場合、それらの作業を代行してくれることがあるか

もしれないが、僕のように個人で活動している場合、すべての行程を基本的には自分ひとりでやらなければならなかった。

　そしてなにより、日本に「スタンダップコメディ」というジャンルやマーケットが確立されていない以上、移民局の厳しい審査を通るに足る「実績」を日本国内で作ることには限界があった。また前提として、このビザなしには、アメリカで大きな舞台に立つこともできないため、実績を重ねることも叶わない。さらに、トランプ政権下、ビザの発給は一段と厳しくなると言われていた。

　そうしたまさに八方塞がりの状況の中、スタンダップコメディアンとして「実績」を作る手立ては、世界に出ていくよりほかなかった。アメリカではない別の国々に。

　そして、2017年11月、僕は単身アフリカへと旅立った。それまでも、より大きな舞台を虎視眈々と狙い、探し続けていた僕のところに一通のメールが届いた。送り主は日本でスタンダップコメディアンとして活動するケニア出身の友人、エヴァンスだった。

　「Saku、俺の友人のコメディアンが2週間後、ルワンダでコメディ・フェスティバルを開くんだ。俺は用事があって行けないんだけど、お前さえよければ、彼らにお前を推薦したい。興味あるか」

すぐに行くと決めて、「Yes」とだけ返した。親譲りでは
ない無鉄砲な性格である。機会を探し続けていた僕にとっ
て、断る理由などひとつもなかった。すぐさま航空券をお
さえた。もちろん自腹だった。

　出発は10日後に迫っていた。翌日には大使館で、アフリ
カ行きのビザを申請した。その帰りに書店で『地球の歩き
方』と映画『ホテル・ルワンダ』のDVDを買った。

　紹介された現地のコメディアンに自己紹介がてらメール
を打ち、ほかの国でも公演できないかと尋ねてみた。する
とこのフェスティバルに参加する隣国ウガンダやケニアの
コメディアンたちに聞いてくれることになった。そしてあ
っという間に僕の手帳には3カ国でのショーの予定が書き
込まれた。

　もちろん、それまでアフリカ諸国になど行ったこともな
ければ、知り合いすらいなかった。それでもなんとか「実
績」を作る一心でひとり日本を発った。ツアーについては
後述するが、現地のコメディアンの協力もあり、フェスティ
バルのみならず、ケニア最大のTV番組への出演など、想
像以上の結果を持ち帰ることができた。しかし、それだけ
ではアメリカ移民局に「卓越した技能を持つアーティス
ト」と認められるにはまだ十分ではなかった。

　帰国した僕は、国内でいかにしてスタンダップコメディ

アンとしてステップアップできるのかを考えた。当時、日本にはアメリカのようなスタンダップコメディの専用劇場「コメディクラブ」こそ存在しなかったが、バーなどで主に外国人が、週に1回ほどのペースで自ら企画し行う「インディ・ショー」は散見された。東京、大阪、名古屋、福岡、仙台などの大都市を中心に展開され、東京に限っては7〜8箇所ほどあったと記憶している。しかし、コメディアンの9割以上は日本に住む外国人で、もちろんネタも英語で行われるため、観客の中に日本人はまばらであった。この文化を日本人にもどうにか広めたいとも思った。

その中で、僕はそれまで誰も成し遂げたことのなかった「日本のスタンダップコメディ会場全制覇」を掲げ、実行に移した。それぞれの地域のショーをオーガナイズしていたコメディアンたちに連絡を取り、「やらせてくれ」と頼んだ。その頃になると、掲載されたメディアなどの影響もあり、僕が何者なのかは知ってくれていることが多く、話は早かった。しかし、週に一度、極めてニッチなマーケットで行うショーにおいて、ギャラはおろか交通費も宿泊費も出ないのが現実だった。当時の僕にとってそんなことは問題ではなかった。現地で全力でネタをかけた。

そして2017年、宣言どおり、僕は史上初、日本国内の「コメディクラブ」をすべて制覇した。

この頃、ビザのために雇っていた弁護士からある指摘を受けた。

　「移民局の審査を通過するために非常に重要なのが受賞歴です。しかし柳川さんの場合、これまで受賞歴がありません。この部分がネックになるかもしれません」

　実際、バレエやピアノなどで海を渡る多くの日本人アーティストは、これまでコンクールなどでなにかしらの賞を受賞してきている。それに対し、スタンダップコメディというフィールドはコンペティション以外での「賞」というものがないばかりか、日本にはそもそも大会自体なかった。困った僕は奥の手を思いついた。

　「自分で賞を作って、自分に出したらいいんや」

　そして、日本人スタンダップコメディアンとして浅草を中心にショーを運営し、また海外からの観光客に日本文化を教える活動をしていたFunny Japan Project代表のMeshidaさんに電話をかけた。

　「Meshidaさんのやってはる Funny Japan Projectという団体から僕に賞を出してくれませんか？　ビザのために必要なんです。賞状は僕がフォトショップでデザインするので」

　断られるかと思ったが、意外にもすんなりと承諾してくれた。

「朔のアメリカ行きのために俺ができることならなんでもするよ。頑張っているのを見てきたからね」

　嬉しかった。本当に助けを求めているときに、手を差し伸べてくれる人がいることが誇らしくも思えた。すぐさまパソコンを開き、慣れない手つきで見よう見まねの賞状を英語で作った。

　そして2018年1月、僕は「Japan's Comedian of The Year」を「受賞」した。この「受賞」に関して、予期せぬ陰口も叩かれた。先述の東京のコメディシーンでインディ・ショーに出ていた何人かのコメディアンたちと後日ショーで会った際には、

　「おい、見てみろ。あの"Japan's Comedian"がいるぞ。さぞおもしろいんだろうよ」

「Japan's Comedian of The Year」を受賞。Meshidaさんと

と言われた。小さいな、と思った。少なくとも僕は自分の夢のために動いた。それも、大げさでなく人生をかけて、自分の状況を変えようとした。目に見える結果も残したつもりだった。だからこそ、手を差し伸べてくれる人もいたと信じている。それを、なにも動こうとすらしていない者に、妬み、馬鹿にされたことが悔しかった。「そんなやつの言うことなんて気にするな」と自分に言い聞かせたつもりでも、やはり悔しかった。

　だからこそ、本当の「賞」をどうしても取りたかった。誰もが認めざるを得ない「賞」を取るために、一年を費やそうと決めた。

　そしてその機会はやってきた。シアトル・インターナショナル・コメディ・コンペティションに日本代表として出場が決まったのだ。世界中（といってもほとんどはアメリカ）からやってきた40人のコメディアンがしのぎを削る、負けたら即帰国のサバイバル。「優勝」のふた文字だけを追い求め、成田空港を出発した。あのとき、僕の目は相当血走っていたと思う。斬るか斬られるか、という思いで初日の会場に行ったのを覚えている。

　結果から言えば、セミファイナリストになったものの、優勝することはできなかった。「実績」を作ることができず悔しかったし、力の差も痛感した。しかし、現地で出会い、と

もに１カ月戦ったコメディアンとの友情を築けたことがな
によりの「お土産」だった。今でも頻繁に連絡を取り合う。

　この年、これまた友人のコメディアンから、スコットラ
ンドのエディンバラでショーをするから一緒に来ないか、
という誘いを受けた。僕に断るという選択肢はない。

　エディンバラで毎年夏に行われている「エディンバラ・
フェスティバル・フリンジ」は世界最大のアートフェスで、
街全体がまさに劇場に様変わりする。世界中からオーディ
エンスが詰めかけ、アーティストにとってはまさに夢のよ
う祭典だと聞いていた。特にコメディが盛んで、このフェ
スティバルから多くのスターが生まれた。

　自らがプロデューサーとなり、会場を借りて、チケット
を売らなければならなかった。会場費も安くはなく、なに
もかもが初めての僕は、現地での集客の方法もわからず閉
口した。そして、35日間の滞在を終える頃にはなにもかも
がすり減っていた。それでもせっかくヨーロッパに来たの
だからと、フェスティバル期間中に知り合ったアーティス
トの伝手を頼り、５カ国を廻るヨーロッパツアーを行った。
行く先々でありがたいことにご飯をご馳走になった。スコ
ットランドで満腹になった記憶はないのに、なぜだか帰国
する頃にはわずかばかり体重が増えていた。

　アフリカ、ヨーロッパ、そしてアメリカ中をツアーで周

る中で、僕は確かに「実績」を手にした。そして400万円の借金も。ギャラも出なければ、航空券も出ない。それでも実際に行かなければなにもはじまらなかった。400万円という借金とは比べものにならないくらい大切な、現地での「出会い」と、舞台の「経験」を手に入れた僕は、「成長した」という自負だけを噛みしめ、前を向いた。

　こうして翌2019年、弁護士の助けも借りながら、僕はそれまでの「実績」を引っ提げ、移民局に書類を提出した。申請の結果が出るまでには数ヶ月を要するのが慣例だが、1000ドル払うと「特急申請」というサービスの利用が可能となり、14日以内に結果が出る。迷わず1000ドル支払った。そしてフジロックを前日に控えた苗場で、僕は弁護士からのメールで結果を知った。

　「移民局から質問状が返ってきています。状況から見て今回のビザ取得は厳しいかと思われます」

　たった1行の、あまりにも残酷なメールですべてが振り出しに戻ってしまった。あのときばかりは絶望した。心の折れる音が部屋中に響いた気がした。僕は一生アメリカに行けない運命なのだとさえ思った。

　後日、折れたままの心でデーブさんにメールを送って報告した。いつものようにすぐに返事が返ってきた。

　「大丈夫！　ビザがダメならマスターカード！」

ルワンダでのコメディ・フェスティバル。
コメディアンたちと

キガリ・インターナショナル・
コメディ・フェスティバルでの公演

©Gustave.IR

なぜだか笑みがこぼれた。デーブさんのギャグに生まれて初めて笑ったかもしれない。あのとき確かに心がスッと楽になった。

　それからはまさに一からのスタートだった。アーティストビザ取得に定評のある別の弁護士を頼った。彼女の指示のもと、膨大な書類作りの日々がはじまった。シカゴの友人で、自身も苦労して、バレリーナとしてアーティストビザを取得した舞・クレイプール氏の助けも借りた。

　これまで作った書類をすべて見直し、落ち度のないように丁寧に作り上げなければならなかった。予想外の借金もまた増えた。推薦書も再度もらうことになり、僕の知り得る「つながり」すべてに声をかけ、助けを求めた。まさに乞うた。

　僕の「実績」と「経験」、そして「結びつき」を審査されることは、僕自身の人生そのものを見られている気がして身震いがした。

　弁護士を訪ね、ニューヨークにも飛んだ。スーツケースに入れた書類の束は、見た目以上に重かった。

　半年ほどかけ、ようやく再び申請書類は完成した。出来上がった1000ページを超すバインダーはまさに「僕の人生」だった。

　そして、数週間後、僕はついにアメリカという国から「一

ビザの資料をまとめた
バインダー。人生が詰ま
っている気がした

人前のアーティスト」と認められた。日本人で「スタンダ
ップコメディアン」としてこのO-1ビザを取得したのは僕
が初めてのことらしい。

　パスポートに貼り付けられた「アーティストビザ」はた
った一枚の紙切れかもしれないが、僕にとってなにより大
きな意味を持つ。

　美辞麗句でなく、僕ひとりではこのビザを取ることなど
決してできなかった。舞台に立つのはひとりでも、これだ
け多くの人の「思い」や「助け」があって、こうした活動
ができているのだということを僕は決して忘れない。

11. フジロックへの出演

　2019年夏、僕はスタンダップコメディアンとして初め
てフジロックの舞台に立った。

　フジロックといえば、日本の野外音楽フェスの草分けで、
毎年12万人以上を動員する「世界最大級」のイベントとし

て知られている。

これまでボブ・ディランやニール・ヤング、ルー・リードにフェイセズ、レッド・ホット・チリ・ペッパーズ、そしてオアシスなど名だたる世界的なミュージシャンたちが立ったあのステージに、僕が立つことになった経緯を語るには、前年の夏まで話を遡る必要がある。

2018年8月、僕は連日、スコットランドでエディンバラ・フェスティバル・フリンジの舞台に立つ目まぐるしい日々を送っていた。そんなとき、携帯電話に一通のメールが送られてきた。ミュージシャンで、草野球のチームメイトでもある池畑潤二氏からだった。

「これからフジロックのメンバーでエディンバラに行くから、現地で飯でも食おう」

池畑さんはあの「伝説の第一回」から出演してきた、まさに「フジロックの顔」だ。運営にも参加し、毎年フェスティバルが終わると、チームで海外旅行に出かけているという話は野球のときに耳にしていた。これだけフジロックが大きなフェスティバルになった今でも、世界中のフェスを「体験」することで、新しいアイディアを得ようとする姿勢にはただただ感服する。

そしてこの年、彼らはエディンバラにやってきた。

当日、昼公演と夜公演の合間に、池畑さんに指定された

市街地にあるカフェに走った。小雨の降る寒い日だった。遅れまいと、舞台衣装のスーツのまま小走りで向かった。5分ほど早く到着したテラス席にはすでに池畑さんを含めた6人の日本人が座っていた。そしてその中にはフジロックを運営する「スマッシュ」の日高正博氏の姿があった。文字通り、「フジロックの生みの親」だ。日高さんの発案ですべてがはじまったのである。音楽ファンなら誰もが知るそんな「歴史」は数え切れないほど雑誌で読んだし、大学の授業でも習った。初めて出会う「本物の」日高さんを目の前にして、その圧倒的存在感に体が固まりそうになった。池畑さんの紹介で、今フェスティバルに参加し公演をしていること、アメリカでコメディアンをしていることが伝えられた。タバコを燻らせながら、頷いてくれたことは覚えているが、そのあとなにを話したか本当に覚えていない。

フジロックの生みの祖、
日高さんとレジェンド、
池畑さんと

なぜ僕が舞台に立っているか、必死に話したかもしれない。生意気にも好きな音楽の話をしたかもしれない。そしてスタンダップコメディがいかに意義深いものかということを熱っぽく話した気もする。

　いずれにせよ、そのあと行ったレストランで食べた食事の味は緊張でほとんど感じなかった。せっかくの僕に似合わぬ高級レストランだったのに。そして食事の最後に日高さんに言われた。

　「10月に日本で朝霧ジャムというロックフェスがあるんだ。そこに出ろ。今からスタッフに言ってなんとか枠を空けてもらうから」

　そのままスキップして夜の公演に向かった。

　それから2カ月後、僕は朝霧ジャムの舞台に立っていた。フジロックと同じくスマッシュが運営する野外ロックフェ

朝霧ジャムでの
テント公演 (2018)

ス、朝霧ジャム。国内のバンドを中心にレベルの高い演奏が行われ、コアな音楽ファンたちが集う。彼らは高原でキャンプをしながら、音楽と自然を存分に楽しむ。

　急遽ねじ込まれた僕の舞台は「カーニバルスター」と呼ばれる小さなテントの中にある特設ステージで行われた。走りまわる子どもたちの前で渾身のネタを、汗だくになりながらかけた。

　舞台を終え、夜も更け出したとき、突然日高さんに呼び出された。

　「朔、俺は今日、お前のネタ見てないんだ。せっかくだから俺の前で今夜もう一本やれ」

　無茶振りだった。でも、やらない理由はないとも思った。

　そのまま、日高さんとともに、スタッフの車に乗り込み、僕らはキャンプ場に向かった。多くの人が翌日に備えテントの中で休んでいるその場所で、おもむろに日高さんが口を開いた。

　「ここでやれ」

　悪い冗談かと思った。舞台もなければ、マイクも照明もないところだった。ましてみんなテントで寝ているのである。それまでアフリカやアメリカなど過酷な環境で舞台に立ってきた自負はあったが、この環境はそれらをはるかに超える「地獄」だった。明らかに緊張だけではないなにか

98

もっと複雑な感情に責め立てられ、唇がガタガタ震えて歯に当たる音が聞こえた。それでも後戻りなんてできるわけもなく、テントを周り、中の人に大声で「今からネタをするから来てください」と言ってまわった。

　徐々に人が集まり出した。キャンドル・アーティストのキャンドル・ジュン氏が司会を買って出てくれた。訳もわからず集まり出した「観客」に、これからはじまるなにやら得体の知れない出し物の説明をしてくれた。ジュンさんだってなにがなんだかわからなかったに違いない。それでも彼のことばで特設会場の空気はぎゅっとひとつになった。そしてその輪の真ん中に僕は飛び込んでいった。

　前日の雨でぬかるんだ地面には誰も腰を下ろすことなんてできず、みんなが中腰で僕の方を見つめていた。そして僕の後ろには焚き火で手を温めながら、じっと見つめる日

日高さんの無茶ぶりで
実現した即興屋外公演

高さんがいた。とにかく「今自分の目の前にいるお客さんを笑かそう」と無我夢中で喋り続けた。必死だった。失うものはなにもなかった。そして、5分間の即興スタンダップコメディは大きな拍手と笑い声で幕を閉じた。

その晩、日高さんに言われた。

「来年のフジロックに出なさい」

こうして僕はフジロックの舞台に立つことになった。

日高さんから直々に「まずはフジロックを知れ」という指令を受けた僕は、本番の2週間前の7月半ば、アメリカから帰国すると池畑さんの車で会場へと向かった。冬はスキーリゾートとして賑わう苗場も、夏場は広大な敷地が広がる、のどかで閑散とした街だ。ステージの設営がなされていない夏のスキー場はおそろしいほどなにもない場所だった。ここに一からフェスティバルを築きあげ、そして根付かせたことに改めて敬意の念を持たざるを得なかった。

ここで僕は2週間、池畑さんとともに設営を手伝いながら、「フジロックを作り上げていく」というチャンスをもらった。ノコギリすらろくに握ったことのない僕はただただ設営の足を引っ張り続けた。キャンプの経験もないため、テントさえひとりで張れない自分が嫌になった。

それでも、設営に関わることで、どれだけ多くの人の力でフジロックが作られているのかを知ることができた。

当初は、小さなステージで3〜4回ほどネタをするだけだった予定が、いつの間にか日高さんの鶴の一声で、メインステージである「グリーンステージ」を含む23回の出演に変わっていた。

　テントでみんなを叩き起こしたあの晩のように、僕に失うものはないと腹をくくった。そしてスタンダップコメディという芸能の未来のために、立ち上がる覚悟を決めた。

　迎えた当日、僕のフジロックデビューは4万人の「グリーンステージ」だった。努めて平静を装おうとはしたが、音合わせをするバンドのドラムの音より、自分の心臓の音の方がはるかに大きく聞こえた。これまで立ってきたどのステージと比べても桁違いの観客を舞台袖から見る。その全員が敵に見えた。

　毎年司会を務めてきたスマイリー原島さんが肩を揉んでくれた。「ありがとうございます」と言おうとするも、口の筋肉が硬直してことばが出てこなかった。さすがに笑いがこみ上げてきた。同じく司会を務めた故ポーキーさんも優しく笑ってくれた。

　そして鉛のように重たい足を一歩ずつ動かしながら、僕はあの「グリーンステージ」へと向かう。

　なぜだか舞台の中心に着く頃には、ついさっきまでの緊張は嘘のように消えて無くなっていた。そしてその眩しす

ぎる太陽の下で、僕は５分間、戦った。

　結果は惨憺たるものだった。斬るか斬られるかの戦いだとしたら、僕は完膚なきまでに斬られた。およそ、人ひとり分とは思えないほどの血が舞台に流れた。茫然自失だった。

　完全な力不足だった。おそらく観客のほとんどが「スタンダップコメディ」なぞ期待していなかったであろう。僕のことも知り得ないし、そもそも音楽を期待してわざわざ新潟まで足を運んだに違いない。しかしそれでも、いいものは必ず届く。たとえ望んでいたわけではないものを観ても、それらがいい作品であれば人の心は動くと信じている。

　悔しいけれどあの日の僕にその力はなかった。結局３日間の公演で一度も「Kill」も「Destroy」もできなかった。

　フェスティバルを終えた日、日高さんに聞かれた。

「この３日間どうだった？　楽しかったか？」

「悔しさだけが残っています」

　そう答えると、日高さんは笑って、

「まぁそんなもんだ。最初からうまくいきっこない」

　頷きたくはなかった。チャンスは１回で掴まなければならないとも思う。でも仕方ない。嘆いている暇は僕にはない。

　考えてみれば、フジロックだってそうだった。1997年に行われた第１回のフェスでは、巨大台風が来襲し、演奏の

池畑さんとフジロックの
設営から参加

フジロックのメインステージ、
「グリーンステージ」に立つ

中止を余儀なくされたほか、観客も野外フェスに慣れていなかったため、ゴミ問題をはじめ惨状を呈した。多くのバッシングも起こったが、それでも立ち上がり、発展し続けてきた。今や世界を代表する、なくてはならないフェスになった。

　僕も必ずリベンジする。このままでは終われない。フジロックが立ち上がったように、僕もまた立ち上がる。スタンダップコメディをフジロックに根付かせるには、時間を要するかもしれないが、必ずその魅力を伝え、そして笑わせると心に決めている。

　今でも日高さんがウィスキー片手に言ったことばを密かに心の中にお守りのように留めている。

　「お前を初めて観たとき、チリ・ペッパーズとかオアシスを初めて観たのと同じ感覚を覚えたんだよね」

12. 「売れる」こと

　フジロックでの話をもうひとつだけ。

　3日間を通して、僕は実に23本のステージに出演した。フジロック記録らしい。初日だけで、8本のステージに立った。朝から晩まで休むことなく出続けた。

　最後の公演は23時半「ドン吉カフェ」と呼ばれるスペースで行われた。普段は主にDJがパフォーマンスをする会場

で、観客は飲食をしながら談笑する。そんな憩いの場で、僕は初日のステージを終えた。主催のスタッフが親切にも「一杯奢る」と言ってくれたが、体はクタクタで、もはや呑む気力もなく、帰り支度をしていたそのとき、ある2組の売れっ子バンドのボーカルがそこへやってきた。その日演奏を終えたばかりのそのふたりは、すでに呑んできていたのか、酒に酔った様子で席に腰掛けた。そして彼らは僕を呼び止めた。僕は咄嗟に挨拶をした。

「アメリカでスタンダップコメディアンをしている Saku Yanagawa と申します」

するとひとりがこう言った。

「あっそう！　じゃあ今ここでおもしろいこと言えよ。英語でいいから」

自分の職業を人に伝えた際、僕が一番不快になるのがこの対応である。いささか相手へのリスペクトを欠いていると言わざるを得ない。しかし、業界の先輩でもある彼らに、その不快な気持ちを態度に出すことは得策ではないと思い、アメリカで鉄板ネタの短いジョークを披露した。するとすかさず、

「お前、全然おもしろくないな。なんのためにお前は舞台に立ってんの？」

と返された。それでも、

「お客さんを笑わせるためです」

とだけ言うと、

「今のじゃできねえよ。俺には天性の歌っていうのがあると思ってて、それで人に届けたいと思ってやってんだよ。お前にはそういうのはないの？　それじゃ、やってても意味ないから」

するとそれまで黙っていたもうひとりのミュージシャンがおもむろに口を開いた。

「お前、腕出せ。いいから」

そう言うと机にあったロウソクを手に取り、

「いいか、これを今からお前の腕にかける。それでリアクション取ってみろ」

やりたいわけなどなかったが、言われるがままに腕を差し出し、陳腐なリアクションを取ってみた。

「それだよ、それこそ笑いなんだよ。いいか。笑いってのは心の機微、緊張と緩和なんだよ。ロウをかけられるこの緊張と、いざそれがかかったときのリアクション。これを見て、人はおもしろいって思うんだよ」

そう言うと、ふたりがかりで僕にロウをかけてきた。必死にリアクションを取り続けた。大声を出して笑うそのふたりはしばらくして千鳥足でホテルへと消えていった。

僕の衣装のスーツはロウまみれになっていた。

雨の中、宿に戻り、スーツをハンガーにかけながら、泣いた。悔しかったわけではない。悲しかったわけでもない。ただ、自分が情けなかった。

　酒も入っていたし、手荒な一種の「後輩いじり」のようなものなのだろう。あのふたりを恨むつもりはない。ただ、はっきり言えるが、彼らへの尊敬は微塵もない。

　そんなことより、なにも言い返せない自分がどうしようもなく情けなかった。その場で反抗するという意味ではない。あのときの僕が、あそこでなにを言っても「負け犬」でしかなかった。舞台で誰をも笑顔にできなかった僕がなにを言っても、それはおそらくなんの説得力も持たない戯言でしかなかった。彼らには、彼らの音楽に心を奪われる「ファン」がいる。その日だって、彼らのタオルを巻いた大勢の「ファン」を見た。

　僕にそこまで心を注ぐ「ファン」がいったいどれぐらいいるだろうか。今日僕は何人の人を幸せにできただろうか。誰が「味方」でいてくれるだろうか。そう考えたとき、僕は自分がおそろしく孤独な存在に感じられた。

　と同時に、初めて心に誓った。

　「絶対に売れたる！」

　と。正直それまでの僕は、「売れる」という目標を持つことに懐疑的だった。「売れる」ということだけが、唯一自分

の力の及ばぬもので、人が決めることだ、と。僕らの仕事は「作品」を創って世に出すことのはずだ、と。現に、「売れたい」という願望を中心に据えすぎるあまり、作品を研ぎ澄ますことを怠る「反面教師」を数え切れないほど見てきた。

しかし、あの日、否が応にも気づかされた。売れなければ、彼らになにも言えない。

僕はこれからも「いい作品」を作るために、精を出し続ける。それは変わらない。でも、あの惨めな晩、僕は「売れる」と決めた。そして彼らと彼らのファンを、僕のスタンダップコメディで絶対に笑かしてみせる。

13.ロールモデル

思えば、これまで多くの人に憧れてきた。野球をしていた頃から、映画にのめり込んだ日、音楽に耽った日々、そしてコメディに恋をした日も。たくさんの僕の「憧れのヒーロー」たちがこれまでの人生を形づくってきた。それでも、今「ロールモデルは誰ですか」と聞かれれば、僕ははっきりと「いない」と答える。

ビッグマウスで言っているのではないと思う。現にこれまでも、そんな「ヒーロー」に少しでも近づこうと真似したこともあった。

松坂みたいにビューリーグのグローブを使って、イチローみたいに振り子打法だってやってみた。ジム・キャリーの顔芸がしたくて鏡の前でにらめっこを繰り返し、ブルース・ブラザーズになりたくて曇っているのにサングラスをかけて街を歩いた。ジョン・レノンみたいにリッケンバッカーを弾こうとしたし、ポーグスになりたくてバンジョー片手にウィスキーを飲んだこともあった。

　そして気がついた。どれだけその人になろうと努力をしても、なれるわけなんてないのだ。結局のところ僕は僕でしかない。でも、だから「僕が言うからこそおもしろいジョーク」を追求できるチャンスがある。ほかの誰でもない僕の目を通して見えた世界を、僕のことばで紡ぎたいのだ。

　スタンダップコメディは幸い、重ねた人生がそのまま滲み出る芸能な気がしている。これからの人生で、多少の山だってあるだろう。そして底なんて見えないくらい暗くてどこまでも深い谷だって経験するに違いない。

　それでも、僕は舞台に立ち続けたい。くじけても「スタンダップ」し続けていたら、いつかはどんな夢だって叶うと信じている。

　なにかに屈してしまいそうなとき、呪文のように自分に言い聞かせることにしている。

　「Get Up Stand Up 〜起き上がれ、そして立ち上がれ〜」

コメディアンとしての歩み

2014 ● はじめてのオープンマイク

2015 ● Comedy Nightテキサス公演

2016 ● Comedy Nightを大阪と東京で上演

2017 ● 日本国内のコメディクラブ全制覇
● アフリカツアー
● ケニアのTV番組出演

2018 ● エディンバラ・フェスティバル・
フリンジ出演
● 朝霧ジャム出演
● ラフ・ファクトリー、レギュラーに
● シアトル国際コメディ大会で
ファイナリストへ

2019 ● セカンド・シティと
NBCのコメディ大会出演
● フジロック出演、23ステージ
● ビルボードでソロショー
● ボストン・コメディ・フェスティバルで
ファイナリスト

2020 ● 各地のフェスティバルで
ヘッドライナーを務める

スタンダップコメディアン、仕事の流儀

How To Stand Up In The World

chapter **3**

第3章では、僕自身がスタンダップコメディアンとして
どのような意識で作品を創り、日々舞台に上がっているか
ということについて触れたい。これまでの活動の中で、多
くの素晴らしいコメディアンたちに出会ってきた。そのそ
れぞれが、ひとりひとり違った仕事へのこだわりを持って
いた。そして、彼らは皆スタンダップコメディを愛し、誇
りを持っていた。

　僕自身の「働き方」を通して、おそらくは多くの人にあ
まり馴染みのない「スタンダップコメディアン」の仕事を
深掘りできればと思う。

1. ネタの作り方

　僕がスタンダップコメディアンとしての活動において、
もっとも重きを置いているのが「ネタ」を作ることだ。僕
たちは舞台に立ち、その「ネタ」で観客を楽しませる仕事
なのだ。

　そして、日々「ジョーク」の種を探す。些細なことから
ヒントを得て、どこかに笑いにできるポイントがないか目
を光らせる。それでもなにも浮かばないことだってある。夜
に浮かんだアイディアを朝見て、あまりのくだらなさに腹
が立つこともある。なにもアイディアが生まれなくて、髪

をかきむしる日もある。大げさでなく、僕たちはおもしろい「ネタ」を書くことに人生をかけている。

(1) Bit と Set

　スタンダップコメディ用語で、「ネタ」のことは「Set」とか「Routine」なんて言う。僕たちは与えられた持ち時間の中で、ときに5分の「Set」をしたり、60分の「Set」をかけたりするわけだが、このひとつの「Set」の中にいくつもの「Joke」を入れ込む必要がある。

　通常「Joke」とは、「punchline（＝オチ）」を含む短い小噺のことで、これらが合わさり「Bit」を形成する。「Bit」には「オチ」のみならず、そこに至るまでのストーリーや、いわゆる「前フリ」、または背景となる自身のバックグラウンドの説明なども含まれる。

　ちなみにこの「Bit」ということばは、『トム・ソーヤの冒険』や『ハックルベリーフィンの冒険』などの著作で知られるアメリカを代表する作家、マーク・トゥウェインが考案したらしい。余談だが、アメリカのコメディアンにとって最大の栄誉とも言われる賞は「マーク・トゥウェイン賞」と呼ばれている。

　「Joke」に背景が加わることでひとつの「Bit」となり、それらが集まり「Set」を形成するとイメージすればわかりやすい。

また、一口に「スタンダップコメディ」と言っても、実に多様なスタイルのコメディアンがいる。

　いくつか例を挙げれば、まず、日本語で言う「ひとことネタ」をひたすらかけていくコメディアンは「One-liner」と呼ばれている。直接的なつながりをそこまで持たない「Joke」をいくつも合わせて「Set」を構成するタイプのコメディアンのことで、ヒロシさんのようなスタイルを想像してもらえるとわかりやすい。

　そして、それよりも長い時間で、起承転結を含んだエピソードを話すスタイルのコメディアンは「Storyteller」と呼ばれる。文字通り、ストーリーを観客と共有しながら、そのおもしろみを伝えて笑いを取るスタイルである。ちなみに噺家は英語で「Comic Storyteller」と呼ばれる。

　もちろんすべてのコメディアンをこのように「型」に分類することは不可能だが、コメディアン同士でも、

　「お前はどんな芸風なんだ？」

　「僕はStorytellerだね」

　なんていう会話が頻繁に交わされる。

　上記のOne-linerとStorytellerをハイブリッドにした芸風のコメディアンも存在し、「Semi One-liner」なんて呼ばれたりもする。

　中には決まった「ネタ」を用意せず舞台に上がり、観客

「Bit」ということばの生みの祖、
作家マーク・トウェイン

との対話、いわゆる「Crowd Work（＝客いじり）」のみで自分の持ち時間を終わらせる即興要素の強いコメディアンもいる。もちろん彼らも100％が「即興」というわけではなく、長年の経験からある程度予測しつつ、それに合わせた巧いイジリを自分の引き出しから引っ張り出すからくりなのである。

　多様なスタイルのコメディアンがいるからこそ、「ネタの書き方」だって十人十色。ノートに書く者が多いのは事実だが、事細かく「Line（＝セリフ）」を書く者、「Bit」だけ箇条書きにする者、中にはなにも書かないで舞台に上がるツワモノだっている。

(2)「インプット」と「町歩き」

　では僕自身は普段どのように「ネタ」を作りあげているのだろうか。

　おそらくほかのコメディアンたちと比べてそこまで突飛

な作り方はしていないと思うが、大きく分けて「書く」ためにふたつのことをしている。

　ひとつ目はとにかく「インプット」すること。Chapter 1で述べたようにスタンダップコメディアンという仕事は「無知ではできない」ものだと認識している。だからこそ日々のインプットが僕の血となり肉となる。

　毎朝、新聞を8紙読むと決めている。『ニューヨークタイムズ』に目を通すことから僕の一日ははじまる。政治記事や社会記事において、量でも質でも定評のある本紙から今アメリカ国内でなにが起こっているのかを感じ取る。そのあと主に政治の動きを読み解くにはもってこいの『ワシントンポスト』、もう少し砕けた『USAトゥデイ』、そしてシカゴのローカル紙『シカゴ・トリビューン』『シカゴ・サンタイムズ』という順序で読むのがルーティーンだ。ようやく慣れてはきたが、専門用語などが多く含まれた英語の新聞を5紙読み切るのには時間とエネルギーを要する。はじめたての頃は、読み終わるときにはもう日が沈みかけていることもザラだった。それでも僕は読まなければいけない。現地のアメリカ人を笑わせるに足り得る情報を掴むには、なんとかして彼らに追いつかなければならないという思いが強い。20歳を超えてアメリカに移住した僕にとって、「アメリカを学ぶ」ことから逃げていたら到底いいネタは書け

ない。ネイティブがこれまでの人生で得てきた情報に追い
つくには、たゆまぬ努力が必要だ、と自分に言い聞かせて
きた。

　日本の新聞も3紙読んでいる。日本人として生まれ育っ
た以上、日本から関心を失ったら、僕の価値は半減する。ア
メリカという国を、アメリカ人とは違った角度で捉えるた
めには、日本に対してのアンテナは不可欠だ。

　TVのニュースも外せない。アメリカに来て初めて、ニ
ュース番組をおもしろいと感じた。ひとつの事象に対して、
それぞれのメディアでまるで論調が異なっているのである。
まさに、局が独自の「視点」でひとつのニュースを伝え、視
聴者はそれを享受する。そうした報道が「分断」を生むと
いう見方もあるだろうが、それでも「方向」を確実に示す
メディアのあり方は実に新鮮に感じられた。だからこそ、努
めて「両サイド」を観るようにしている。「リベラル」と
「保守」、もちろんそう単純ではないが、たとえばそういう
ことである。CNNを観るのなら、FOXもチェックするとい
う具合に。

　双方の意見を聞きながら、自分自身のスタンスとすり合
わせる行為はスタンダップコメディの本質に近いと考えて
いる。溢れる情報の中にあってもブレない「リテラシー」
を養う上でも、「勉強」は欠かせない。映画や本も大いにそ

の助けになる。

　そうした「インプット」を通して、スタンダップコメディアンに必要な「Smart」さを追求しなければと思う。

　そして、「インプット」に加え、僕がしているもうひとつが「町歩き」だ。読んで字のごとく、ただ町に出て歩くだけである。「インプット」しただけの頭でっかちだと、なんのおもしろみもない、ただの癪に障るコメディアンが出来上がる。それゆえ僕は、実際に今、町で起きていることを「体験」しに行くことにしている。といっても、ただスーパーに出かけたり、散歩に出たりとするだけで、別段なにかスペシャルなことをするわけでもない。それでも町は驚くほど発見に満ちている。

　なにより「人」が好きだ。町に行けば人がいる。彼らをじいっと観ているだけで一日を過ごせる。その人がなにを考え、なにに心を弾ませて、この「今」というひとときを過ごしているんだろうと想像するだけで、僕もニヤニヤしてしまう。コロナ禍でマスクが習慣化されたからよかったものの、それ以前までは相当怪しまれていたに違いない。マスクを着けていても、目は覆われていないわけだから、ジロジロと見るおかしなやつと思われているかもしれない。

　人と実際に触れあうことも楽しい。バーやカフェで偶然出会った人との対話、店員との無駄話がたまらなく好きだ。

その人のこれまでの人生を想像させてくれる。

　いずれにせよ、町を歩き、この目で見て、この耳で聞き、なにかを感じることは、言い換えれば「自分の視点を探す旅」だとも思うのだ。町やそこにいる人々は、自分がなにに心動かされ、なにに疑問を持つのかを教えてくれる。自分の感性に触れるものを集めることは、改めて自分の本質を見つめるチャンスにだってなる。

　この「町歩き」という体験が、決して本では得られない「Street Smart（＝知恵）」を授けてくれる。

　「インプット」で得た「Book Smart（＝知識）」と、「町歩き」で得た「Street Smart（＝知恵）」が合わさったとき、初めて「Strong（＝奥行きのある）」なネタが作れると信じている。

　そして、こうした日々の中で思いついたこまごまとした発見をiPhoneのメモ帳に書くことにしている。それらがネタの「種」になる。花を咲かせるには育てなければならないが、これこそ、一向に先の見えぬ、終わりの見えない作業だ。無論、一瞬で「Bit」になるときだってある。そんなときは部屋でひとり小躍りする。でも2年経っても、この「発見」が「Bit」に昇華されないときもある。どうにもこうにもおもしろくなり得ない、と思った矢先に急に思いつくこともあった。一向に芽の出ない「種」が、ある日急に

どこかでほかの「種」と出会って、花になったこともあった。こればかりは、予測できないし、こうすれば必ず花になるなんていう得策はないと思っている。毎日水をやり続けるしかないのだ。

(3) 試し撃ち

「種」が花開き、いざ「Bit」になっても、それが本当に「おもしろい」かどうかはわからない。第一「おもしろい」というのは極めて主観的である。極論、自分が「おもしろい」と思うものを喋ればそれでいいのだが、僕には最高の相談相手がいる。スタンダップコメディアンの友人ドリューだ。

彼との出会いはシアトルの大会。出番前の楽屋で世間話をしたのが最初だった。そして気がついた。僕らはふたりとも、1992年5月20日に生を受けた。それだけじゃなかった。ドリューも野球でメジャーリーグを目指し、あと少しのところで夢をつかめず、そのあとコメディの世界にやってきた。すぐに意気投合した。

結局、ドリューはその大会で頂点に立った。心の底から祝福した。僕にはない視点と、技術を持っているなと思った。そして僕と同じ信念を持っているとも感じた。

大会が終わってからもやり取りは続いた。ドリューがシカゴに公演に来たこともあったし、僕が彼の本拠地ボスト

ンにツアーしたこともある。そのたびにお互いの「新ネタ」を見合って成長を確かめ合ってきた。そして1年ほど前、僕らは週に一回、お互いのBitを批評しあうビデオ通話をはじめた。ドリューは僕のネタをたとえば、「白人のアメリカ人」という視点から、僕は彼のネタを「アメリカに住む日本人」という視点から見合うのだ。そして外連味のない意見を言い合う。

「こうしたらおもろいんちゃう？」

というアイディアもお互い随分出してきた。豊かな時間だ。そうした「Bit」たちが組み込まれてできた新しい「Set」を披露するときは、いつも決まって緊張する。シカゴの「オープンマイク」でネタをかけることにしている。

もう顔なじみとなったほかのコメディアンが見つめるそ

ドリューとのネタ会議。毎週新ネタを批評し合う

の只中で、それらを評価の矛先へと放り込むのである。

　そこで無事に笑いが起きた夜、僕は家でひとり、大好きな甘いキャラメル味のコーヒーを飲むと決めている。これまでの労に対してのささやかな労いだ。

⑷ 魔法のノート

　先ほど、多くのコメディアンがネタをノートに書くと言った。かくいう僕もノート派だ。それも決まって、ある「魔法のノート」に書くことにしている。

　その「魔法のノート」というのは、母校桐朋学園の購買部で売られている、校章付きノートである。思えば中学生の頃から使ってきた。そして高校2年時、「スタンダップコメディ初舞台」のネタもそのノートに書いた。

　桐朋高校では毎年6月に、「桐朋祭」という文化祭が行われる。ただ僕たち野球部は招待試合を行うのが伝統で、ほぼ「祭」に参加することは叶わない。それでもなぜか「後夜祭」で野球部が出し物を披露するという習わしがあったのだ。

　例年、先輩たちが漫才「のようなもの」を披露していた。「のようなもの」と言ったのは、およそ見るに堪えない「素人芸」で、後輩ながら客席で辟易としていた（先輩が読んでいませんように）。

　そして僕らが舞台に立つ高2の桐朋祭では、僕がひとり

で喋ると決めた。キャプテンの職権乱用でもあった。

　今考えるとなぜそんな自信があったのかさっぱり思い出せない。世間知らずとは恐ろしいものである。

　「桐朋ノート」にびっしりとネタを書いた。先生のモノマネが中心だったと思う。そして当日、持ち時間の20分を大きく超える35分にわたり、舞台の上でひとりで喋り通した。迷惑な話である。ただ、今思い出しても笑ってしまうほどにウケた。男子校独特の野太い笑い声が響き渡り、ベニヤで作られた特設ステージが立っていられなくなるぐらいに揺れた。僕の「スタンダップコメディアン」としての原点だ。

　「あのノートに書けばウケるかもしれない」

　コメディアンになった後も、そんな安易な考えで、ネタは桐朋ノートに書き続けた。ニューヨークで初めてオープンマイクに出た日も、セカンド・シティでド緊張だったあの日も。

　一度、買いだめしていたストックがアメリカで切れてしまい、そこらへんにあった間に合わせのノートに「浮気」をしたら、ぐうの音も出ないほどにスベったことがある。それ以来、もうほかのノートには書かないと決めた。

　だから、帰国すると母校の購買部に買い出しに行く。「購買のおばちゃん」にはなんだかんだで12歳の頃から世話に

なっている。

　４年前になる。アフリカから帰国した翌日、購買を訪ねた。その日も「おかえり」と笑顔で迎えてくれた。ケニアでのテレビ出演のこと、ルワンダでのフェスのこと、将来の夢なんかを話したら、まるで自分のことのように喜んでくれた。そして、僕が10冊ほどのノートをレジに持っていき、お財布からお金を出そうとすると、

　「お代はいらないわ。持って行きなさい。体に気をつけるのよ」

　といつもの笑顔。なぜか、その笑顔を無性に写真に残しておきたかった。

　「ありがとうございます。一緒に写真撮ってくれませんか」

　と頼んだら、

　「あなたが10年後、ビッグになったらまたここで撮りましょう」

　とまたいたずらっぽく笑って返された。

　僕はこの「魔法のノート」にネタを書き続ける。そして必ず、あの場所で写真を撮る。約束だ。

2. ユーモアはローカル

　「世界に通じる笑い」ということばをよく目にする。結論

2009年、桐朋祭でのステージ。卒アルにも使われている

桐朋ノート。帰国するたびに買いだめしている

から言えば、幻想に近い。世界中を周ってネタをかけてきた。その国々に独特の風土や文化がある。そしてもちろん、ユーモアのセンスも。だから思う。ユーモアってのは、つくづくローカルなものだと。

　もちろん例外はある。ノンバーバルな、つまりことばを用いないパントマイムや体を使った芸は、文化の壁を超えることもある。『Mr.ビーン』は確かに5歳の僕を笑い転げさせた。

　僕は、全世界の人々が同じものに笑うことよりも、それぞれの国で、それぞれまるで異なるものに笑うことの方がはるかに意義深いとさえ思う。「笑い」はその国の文化だ。その国の「言語」や「文化」と密接に結びついている。

　だから極端な話、日本人がアメリカのスタンダップコメディを無理に笑う必要なんてない。むしろ笑えなくて当然なのだ。言語だって違う。字幕がついていたとしても、英語の言い回しやリズム、レトリックを完璧に読み取るのは本当に難しい。比喩表現だってピンとこないときもあるだろう。社会背景を知らなければ、そのジョークがなにを皮肉っているかさえわからない。

　そして、日本の「有識者」ですらこんなことを言う。

　「アメリカの笑いはフィジカルで、スラップスティック的だ」

現地で実際に舞台に立つ者としては、それはいささか的外れだと言わざるを得ない。しかし、まさしくそれは海外の「有識者」が日本のお笑いを評するそれと重なる。

　「日本のコメディは極めてフィジカルだ」

　僕らはその意見が誤りであることを知っている。日本には立派な話芸が溢れている。それでも彼らがそう言う理由はひとつ。繊細なことばのニュアンスを解さないから。だから理解の範疇である「身体性」にだけ目がいってしまう。アメリカの話芸の細かさに気づけないのも同じこと。「有識者」ですら理解できないぐらい、ユーモアは細かいのだ。

　だから、それでいいのだ。諦めているわけではない。日本には、日本にいないと笑えないユーモアがあるはずだ。それを笑えることの方が、僕はヘルシーだと思う。

　でも、だからこそ僕はアメリカの「ユーモアのチャンネル」を持ち合わせなくてはならない。日本にいるときは日本のユーモアに「チューニング」する。でも、アメリカに行ったとき、僕はチャンネルを変える。その土地土地に合わせたチャンネルを持つことが本当の意味での「世界に通じる笑い」を生み出すことだと気づかされた。

　僕もかつては「世界に通じる笑い」を追い求めていた。だから大学時分、日本の狂言と、アメリカのスケッチを掛け合わせ、その「最大公約数」を紡ごうとした。でも、もし

アメリカを本当に笑わせたいのなら、アメリカだけを笑わせるコメディを作る方がより大きな笑いを生めるのだ。逆もまた然り。

「アメリカ」という大きな枠組みで話をしたが、州が変わるだけで、笑いのツボは大きく異なることも経験してきた。ニューヨークでウケたのと同じネタをテキサスでかけたら、最前列に座っていたオーバーオール姿の男にハイネケンの空き瓶を投げつけられたこともあった。ジョージ・ブッシュのネタを彼の地元テキサスでかけるのは賢明ではなかったようだ。なにも政治的な「色」の違いだけではない。地域ごとに、おもしろいぐらいに笑いのポイントは違う。でもそれでいい。

だからこそ、その「チャンネル」を合わせるために、現地を知らなければならない。ツアー公演で海外に出かけるとき、またアメリカ国内の違う都市を訪ねるとき、僕はできるだけ早く「前乗り」する。現地でネタを試さなければ、怖くて舞台に立てやしない。

アフリカもそうだった。『地球の歩き方』で現地の生活をイメージしながらネタを書いた。そして、空港から乗ったタクシーの運転手にそのネタをかけてみた。笑ってくれたとき、気づかれないように小さくガッツポーズした。

ナッシュビルに行ったときも、地元の人が行くようなロ

ーカルな飲み屋を訪ねた。「バー」というより「酒場」と呼ぶに近い場所だった、リアルな地元の笑いを知ろうとした。僕の新ネタに笑いは起きなかった。おかげで、舞台でジャックダニエルを投げつけられずにすんだ。

　僕は「インターナショナルなコメディアン」だと自負している。でもそれは決して「世界に通じる笑い」を実践しているという意味ではない。それぞれの国と地域に合わせた「チューニング」がなされてこそ、僕は世界に堂々と胸を張れる。

3.アウェイを訪ねる

　これまでいろんな舞台に立ってきた。「ホーム」もあれば「アウェイ」もあった。できることならずっと「ホーム」で、温かいお客さんの前だけでやっていたい。でも、この「アウェイを訪ねる」ことがスタンダップコメディアンにとってどれほど意義のあることかも知っている。ここで言う「アウェイ」とは大まかに３つの意味がある。

　ひとつ目は「誰も僕のことを知らない、もしくは誰も待ち望んですらいない場所」というニュアンスだ。フジロックもそうだった。誰にも望まれていないステージほど辛いものはない。とりわけコメディの場合、誰だかわからないやつの話には耳を傾けない観客が多い気がする。

でも、そんなの誰だって通る道だ。日本の芸人さんたち
が下積み時代、ストリップ小屋でネタをした話だってそう
だ。その中にも聞いている人はいるはずだ。その人の心を
誰よりも掴んでやろうという気概で、ステージは幾分も魅
力的になる。そんなときこそ自分のエネルギーを落とさな
いように、と心がけて今までやってきた。舞台はぶつかり
合いなのだ。まさに、斬るか斬られるかなのだ。
　ふたつ目は「僕がまったく知り得ない土地」という意味。
アフリカもそうだった。慣れ親しんだシカゴだけでネタを
かけていると、どうしても作品の世界観が小さくなってし
まう。世の中には、驚くほどたくさんの人がいる。でもそ
んな当たり前の事実だって、実際に旅をして、現地で舞台
に立たなければ、心にこれほど刻み込まれたりなんかしな
いだろう。たとえ斬られても、いつかは血が止まる。マキ
ロンを塗って、絆創膏を貼れば、また立ち上がれる。
　そして最後の「アウェイ」とは「自分にとって都合のい
い観客が少ない環境」という意味だ。知名度が増していけ
ばいくほど、その客席は「ファン」の割合が高くなる。極
端な話、彼らはなににだって笑ってくれる。僕への信頼が
すでにあるから。だけど、それで自分があたかも「おもし
ろい」と勘違いして、天狗になっていくコメディアンを何
人も見てきた。知名度にあぐらをかいて、「作品」を研ぎ澄

ますことを忘れては「視点」など届けられない。

　「都合のいい客」というのは「思想」の意味でも言える。僕と同じ考えを持つ人の前だけで公演するのは楽ではあるのだが、それでは僕の思うスタンダップコメディの本質の半分しか得られない。一番の「旨み」は、意見の違う人をも笑わせることにあるのだと思う。それができたとき、スタンダップコメディは初めて「対話のきっかけ」にもなれるのだから。今後、置かれた立場が変わっても、そこだけは変わりたくないものだ。自戒も込めて書いた。

　「アウェイ」すぎる環境を訪ねるあまり、立ち上がることができないほど斬られたことも数多くあった。でも、今こうしてまだ立てている。流した血は決して無駄ではないはずだ、というより無駄にしてはいけない。

「アウェイ」のショー。ネタ中に携帯を見られることだって……

「Laugh Away（＝笑い飛ばす）」するぐらいの図太さがない
とやっていけない。

4. 横のリスペクト

(1) 心からの「おめでとう」

　これはスタンダップコメディに限らず、どんな仕事にも
言えることかもしれないが、「同業者からの信頼」、言い換
えると「志を同じくする者からのリスペクト」がなければ、
大成することは困難だ。

　Chapter 1で、スタンダップコメディアンは「尊敬され
る仕事」だと述べた。もちろん「成功すれば」、という条件
付きではあるが、それだけ人々からのリスペクトを集め得
る職業であることは確かだ。

　しかし、どれだけファンや大衆からのリスペクトを得た
としても、同業者のコメディアンたちからの信頼がなけれ
ば、成功することはおろか舞台に立ち続けることも難しい
世界だということを、まざまざと見せつけられてきた。実
際、そうした「横のリスペクト」を失い、孤立無援になっ
てついぞ舞台に戻ってこなかったコメディアンたちを数多
く知っている。

　僕らは、舞台上で客席からの拍手をもらうと同時に、舞
台袖から「同志」による「本質」を見透かそうとする鋭い

視線にさらされているのだ。

　コメディアンというのは常に「チャンス」を求めている生き物だ。その「チャンス」というのは必ずしも平等に与えられるわけではない。限られた「椅子」を、人生をかけて争うあまり、互いに足を引っ張り合うなんてことも起きる。そして当然、その「椅子」は自分ではない誰かの手に渡ることだってある。それでもその「椅子」を手にしたコメディアンを、手放しで心の底から祝福できるのは、おそらく本当にその「同志」の努力や実力を理解していればこそだと言えよう。

　「俺の方がおもしろいのに」

　「なんであいつがあのショーにブッキングされて俺はされないんだ」

　そんな恨み言をよく聞く。コメディ界あるあるだ。だけどそんな負のエネルギーを背負って舞台に立つのは、あまりにももったいない。第一、陰鬱な気持ちで立っているその舞台だって、誰かの「チャンス」を奪って勝ち得たステージなのだから。だからこそ、僕は暗示のように誰かの成功を目にしたら、自分のことのように喜ぶと決めている。無論、悔しいときだってある。でも、そこで噛んだ唇から、人を笑顔にするジョークは生まれない。人と比べるものではない、と自分に言い聞かせてきた。そしてなにより、これ

まで一緒に戦ってきた「戦友」に言う「Congratulations」ということばは、実に気持ちのいいものだ。

　僕らがなにか大きな仕事を得たとき、同僚から「お前が売れるなら納得だ」「お前なら当然だ」と言われることこそ、一番の褒めことばのような気がしている。

(2) スベったときに出る「資質」

　それではいったい僕たちはどこを見て互いをリスペクトしているのだろうか。もちろん「ここを見て判断する」なんて単純なものではない。それぞれのコメディアンが、それぞれ尊敬できる部分を持っている。

　僕自身の意見としては、コメディアンの「資質」は、大爆笑をさらったショーよりもむしろスベったショーで見え

終演後、シカゴのコメディアン仲間たちと

てくると思っている。

　僕らは年間およそ300〜400本のショーをこなす。ほぼ毎日舞台に立っていることになる。おのずと特定のコメディアンとの共演も増えるし、同じネタだって繰り返し見る。あるコメディアンにいたっては、一昨年、実に50回近く共演したもんだから、ネタをすっかり丸ごと暗誦できるほどになってしまった。向こうだって僕のネタを、正直嫌気がするほど観たことだろう。

　それだけ毎日一緒にいれば、いい舞台も、悪い舞台も観ることになる。不思議なもので、まるっきり同じネタをかけても会場が違えば、まったく違った反応になる。ライブのおもしろさだ。会場の雰囲気ひとつで、その日のウケはまるで異なる。

　だからこそ、コメディアンというのは、同僚がスベった日に注目している。スベった日にどう立ち振る舞うかで、コメディアンとしての本当の価値がわかる。

　まずは舞台上で、スベったまさにそのときにどうするのか、ということ。これまでどんな舞台でもウケてきた「鉄板ネタ」が、その日に限ってスベることもある。そんなとき、僕らはその「スベった」という状況をも笑いに変えることが求められている。すぐ機転の効いたひとことを言わなければならない。僕はこれを「Rescue Joke（＝レスキュ

ージョーク)」と呼んでいる。

　沈黙する観客に向かって、なにか語りかけるだけで、この過酷な状況も笑いに変えられる可能性が残されている。

　「実は今の、新しいジョークなんだ。でも君たちのおかげで、もう使わないって決めたよ」

　「このジョークを思いついたとき、"天才かも"って思ったんだけどな」

　「これを思いつくのに４年かかったんだけどね」

　実際にこれまで僕が咄嗟に言い放ったレスキュージョークたちだ。

　こうしたレスキュージョークは「スベったという事実」を自分自身が認識することからはじまる。その「失敗」に潔く向き合い、次の手立てを探そうとしない限り、前には進めない。できることならレスキュージョークを言わずに、爆笑だけで颯爽と舞台から降りていきたいものだが、こうした非常事態にも状況を立て直しつつ、そこからのさらなる笑いを生もうともがかなければ傷はさらに広がってしまう。

　たとえレスキューが手遅れなぐらい冷めきっているクラブでも、それをなんとか打開しようと悪あがきにも見えるほどに戦っているコメディアンは、なぜだか語り尽くせないほどのかっこよさがある。汗だくになって帰ってきた「戦

士」を、僕らは楽屋で万雷の拍手で迎える。

　そして舞台を降りたあとだってそう。スベったあとどう立ち振る舞うかを僕らは見ている。あるコメディアンが楽屋に戻ってくるや否やこう言った。

　「今日の客はダメだな」

　その時点で彼へのリスペクトは消えてなくなった。僕らの仕事は、言うまでもなく観客を笑わせること。それができなかった時点で「失敗」なのだ。そしてそれはほかでもない「自分のせい」なのである。その「失敗」を認めた上で、次にどうすべきかを考えなければ進歩なんてない。スベった次の日の舞台、そのコメディアンがどんな「違い」を魅せるのかを僕らは互いに見合っている。

　おそらく、この仕事を続けていれば、まるで歯が立たない「打席」だってあるはずだ。それまで見たことのない豪速球を放ってくるピッチャーもいるだろう。そんな「打席」での立ち振る舞い方は人それぞれで、諦めて見逃し三振でベンチに帰る人、バットを短く持って必死に「ファウル」で粘る人。結果は同じ「アウト」でも、彼らは「打席」の中でなにかを学ぶ。相手ピッチャーの癖や、ときに自分自身のスイングの欠点さえも。そして、彼らの「第二打席」が違った結果になることは野球の経験から知っている。「ファウル」は何球打っても「アウト」にならないことも。

いつか「ホームラン」を打つために、僕は「打席」に立ってバットを振り続ける。打てない日が来たら、また素振りをすればいい。

5. スタンダップコメディはフリートーク?

　「スタンダップコメディはフリートークのようなものだ」という「勘違い」を目にする。「フリートーク」を辞書で引くと、

　「特に話題を設けず、場の流れに任せて話をすること」

　とある。僕の考えでは、スタンダップコメディはむしろ「話題」を構成し、作品にする芸能だ。決して行き当たりばったりではない。

　ではネタはどのように構成するのか。Chapter 1で「ロジカル」な構成がスタンダップの妙だと語った。僕はよく、この「構成」を洋服の整理にたとえる。

　部屋の整理をするとき、僕たちはまず、部屋にあるすべての服を集めるところからはじめる。夏服に冬服に、着すぎてもう色あせてしまったTシャツさえも。そんなふうに頭に描く思索を一度すべて書き出すところから、僕のネタの構成ははじまる。もし、なにか足りていないものがあると感じたら、すぐに家の近くのシマムラに行って揃えてくればいい。

そうして集めた衣類を今度はタンスに収納していく作業が待っている。このとき、たとえば1段目には下着類、2段目にはジーンズ、3段目にはＴシャツ、一番下の段には靴下などと「分類」するように、話にもたとえば「起」「承」「転」「結」のような区分があるはずだ。このエピソードはここ、この「フリ」があるから「オチ」はここ、というように各段に仕分けしていくのである。そして、最後にひとつひとつの棚を整理していくことで仕上げになる。全部をぶち込んだはいいものの、ぐちゃぐちゃなままでは見栄えが悪い。そこで、たとえば仕切り板を入れたり、いい香りのするシートを入れたりと工夫を凝らす。整理された部屋にいると、なぜだか心は晴れやかで気持ちがいいものだ。そのための工夫が新しいアイディアを生む。

　そしてなにより、服の取捨選択だってしなくてはならないかもしれない。

　「よく考えればこのジーンズいらないかも？」

　2年以上履いてないジーンズを見てそう思うことだってあるだろう。それらを捨て去ることだって整理だ。そうして一段一段が美しく整頓されたとき、初めて僕の思索が人に聞かせる「ネタ」になる。

　だからこそ、その「ネタ」が少しでもおもしろく伝わるために「過不足なく」整頓されていることを、一番に気を

つけるようにしている。この「Punch（＝オチ）」を際立たせるためには、ここで「Delivery（＝フリ）」を入れておかなくてはいけないから、冒頭でこのイントロを入れ込もう、というように。そのようにオチまで「過不足なく」持ち込まれたBitは「Well Delivered（＝うまく運ばれた）」と表現される。

　5分間の小さな「キャビネット」から、60分間の大きな「タンス」まで、周到にそして丁寧に整理されているからこそ、観客は「気持ちよく」安心して笑えるのである。

6. レモン

　アメリカにおいて、僕は「日本人」というよりむしろ「アジア人」とみなされる。日本を出るまで、そんなこと考えもしなかった。日本では「アジア人」としての意識は希薄だったと言わざるを得ない。

　近年、そんな「アジア人」のコメディアンがアメリカで増えてきている。「僕ら」の声が笑いで届けられるようになったことは明るいことだと思う。この国には実に多くのアジア人が暮らしている。僕のように大人になってから「移民」として渡ってきた人々もいるが、その大半はアメリカで生まれアメリカ人として育った「Asian American（＝アジア系アメリカ人）」だ。

そして彼らは、ときに「Banana（＝バナナ）」と呼ばれる。決していいことばではない。バナナは外側が黄色く、内側が白い。つまり彼らも、外側（肌）は黄色いが、内側（メンタリティ）は白い、という比喩表現だ。つまり「アメリカナイズドされた」、もしくは「白人のメンタリティを持った」アジア人という蔑称。ちなみに白人のメンタリティをした黒人は「オレオ」なんて呼ばれる。

　その点、僕は自分のことを「バナナ」だとは思わない。日本文化に身を置きながら育ち、ハタチを超すまでアメリカに来たことだってなかった。『シンプソンズ』より『ドラえもん』、『フレンズ』より『新喜劇』で育ってきた。僕が「バナナ」になろうと努力したところで、なれるものでもないはずだ。

　だから、僕は自分自身の存在を、外側も内側も黄色い「Lemon（＝レモン）」だと認識している。日本というアジアの国で生まれ育ったからこそ、アメリカ人とは違ったユニークな「視点」があるはずだ。その「視点」から生む作品で、アメリカ人に「酸っぱい」という刺激を与えたいのである。

　英語でレモンは「Bitter（＝苦い）」で「Sour（＝酸っぱい）」と表される。思わず顔をしかめてしまうぐらいの刺激はあるが、それでも人々の生活に寄り添う必需品だ。

その刺激をとどめておくためにも、僕のルーツである日本を忘れることはできない。自分の「レモン」としての出自に誇りを持ち、その上でアメリカという国をジョークにできたら、僕がこの国で舞台に立つ意味があるはずだ。

（追記）

　なぜだかは知らないが、「Lemon」には「ポンコツ」という意味も含まれる。たとえば、役に立たない車を「Lemon Car」なんて呼んだりする。

　その意味でも、僕は「レモン」だ。しばしば自分のポンコツさに閉口する。異国の地で予期せぬ失敗をすることも多い。そんな失敗談でさえ、「レモン」として話すことで笑いに昇華できると信じている。

7.好きなこと、嫌いなことノート

　アメリカに来てまだ間もない頃、「セカンド・シティ」の授業中にディレクター（先生）が我々にこんな質問をしてきた。

　「Who are you?」

　ちょうど目の前に座っていた僕から答えることになった。

　「I am a Japanese comedian!」

　と咄嗟に答えた。すると

「それは What are you?　に対する答えであって、Who
ではないわね」

　と言われた。確かに「日本人」とか「コメディアン」と
か「元球児」とかは言えても、本当に自分が誰なのかを人
に伝えることは難しい。今も明確に答えられるかといえば、
わからない。そもそも正解だって存在しない。

　それでも、この「Who are you?」こそ、僕たちスタンダ
ップコメディアンがもっとも知っていなければならない、
そして探し続けるべき問いだと感じる。

　つまるところスタンダップコメディアンこそ、「自分が誰
なのか」を誰よりも知っている必要があるはずだ。それゆ
え、自分の「視点」だって明確になり得るし、その自分を
丸ごと舞台の上で観客に差し出すことだってできるのだ。

　その日、アパートに帰ってすぐにあるノートを「復活」
させた。「復活」と書いたのは、中学生のときにやったきり
やめていた、ある習慣をそのときに思い立って再開したか
らである。題して「好きなこと・嫌いなことノート」だ。

　左開きの横書きのノートに、1ページ目からランダムに
とにかく好きなものを書き、ウラ表紙からは嫌いなものを
書いていくというシンプルな取り組みだ。たとえば、中学
時代の僕のノートには、オモテ表紙からは、

　「ジム・キャリー、ビートルズ、阪神タイガース、アンダ

ーアーマー、つぶ貝」

と、裏表紙からは、

「虫、ナス、バーベキュー、坂道、ウニ」

と記されている。

脈絡なんてない。ただ好きなもの、嫌いなものを記した。そしてこのひとつひとつに僕しか知らないエピソードや考えがある。たとえば、ジム・キャリーでいえば、初めて作品を見たのがいつで、それはどこで、なにに心を動かされて、そしてなぜ好きなのか。そういったいわゆる「5W」をなるべく詳しく書いていくことにした。掘り下げながら、自らの心に問いかけていく作業は、己との対話だった。自分自身の決して綺麗でない部分を知ることは楽しいことばかりではなかったが、それでも中学生という思春期真っ只中、自我の芽生え出した心で書きなぐるように続けた。そうすることにより、どこか不安定な自分に平静を保たせていたのかもしれない。しかしそんな「自己との対話」も、高校野球の多忙の中で終わりを迎えた。

あのとき無意識にとっていた行動が、実は意味のあることだったのではないかと閃いた。ノートにもう一度、好きなものと嫌いなものを書き記していった。その晩、寝ずに書き続けた。ボールペンのインクがなくなるまで書き続けた。中学生のときと変わっている自分にも出会えた気がし

た。「大人」になった僕は、「ウニ」を好きになっていた。

「好き、嫌い」という感情は、人間の数ある感情の中でも「強さ」を持っている。その強い感情が自分を突き動かすのだとしたら、それを知ることは悪くないはずだ。今も、ネタが浮かばなくなったとき、僕はSARASAのインクを使い切ると決めている。

8.感謝！ 人生の反面教師たち

これまでの人生で、多くの尊敬すべき人に出会ってきた。しかし、毎日出会えるわけじゃない。事実、尊敬できない「反面教師」に会う確率の方がよっぽど高い。

僕は、20代30代になるべく多くの「反面教師」に会うことで、その後の人生が豊かになると信じている。極端な話、彼らがやったことを僕がすべてやらなければ、「理想の自分」に近づけるとさえ言える。

だから、そのサンプルを授けてくれた以下の「先生」たちに嫌味なく感謝している。

(1)「過大評価」を勘違い

思うに、人からの評価というものが、自分の実力と「イコール」であることはほぼない。つまり「過小評価」されているときと、「過大評価」されているときしかないのである。そして、これまでの経験で、この「過小評価」が「過

大評価」に変わった瞬間、どのように立ち振る舞うかでその人の資質が見える気がする。

「過大評価」に変わった途端、「売れた」と勘違いして、突然偉そうになっていく「反面教師」を数多く見てきた。

野球でもそうだった。スカウトの前で、一本ホームランをかっ飛ばし、それで天狗になる選手の伸び代は限られる。まぐれでホームランを打てることだってあるのだ。筋トレをした男が鉄の棒を振り回すのだから、それがボールに当たれば、飛んでいくこともあろう。

コメディだって、笑いに来た客の前でなにかのジョークを言えば、それがたまたま大きな笑いにつながることだってある。

でもおもしろいのは、野球もコメディも、まぐれで結果を出し続けている人はひとりもいない。ホームランを打ち続けている人、舞台で爆笑を取り続けている人の中に、まぐれでなにかを成し得た人なんてひとりもいないのだ。

人からの評価ってのは、結局自分でどうすることもできない。そこにヤキモキして精神をすり減らすなら、少しでも「いい作品」を生み出そうとヤキモキしている方が、僕はよっぽど心地よい。

(2) 見返りを求める人間関係

アメリカという国は移民が集まり合い、助け合ってでき

た国である。それだけに、これまでの僕の経験からいうと、本当に困っているとき、手を差し伸べてくれる人が多かった印象だ。しかし唯一助けてもらえない「反面教師」たちがいた。それは端っから、「見返り」を求めている人たちだ。

　たとえばわかりやすい例をひとつ。ロサンゼルスという街には、いつかエンタメの世界で成功することを夢見て、多くの野望あるアーティストが暮らしている。その中には生計を立てるために、バイトをしている者も多くいる。自分の働いている飲食店に有名なプロデューサーが来店することだってあるだろう。そんなとき、そのプロデューサーとのつながりや、その先の仕事欲しさに、

　「初めまして、私俳優をしている〇〇と申します」

　とテーブルに挨拶に行ったとしよう。しかし、ロサンゼルスで生活しているプロデューサーなら、一日に何百人もの俳優を相手にしているハズである。打算的な態度でプライベートな食事中に近寄ってくる人と、作品を創りたいとは思わないだろう。

　そんな、物質的、精神的な見返りを求め、誰かに近づくエネルギーを、自分の目の前にあるひとつひとつの仕事に使う方が、人はよっぽど魅力的に映る。レストランでひたむきに仕事に打ち込む姿を見て感心させられたウェイターが、実は売れない俳優だったと後で知る方が、よっぽど助

けたいと思うだろう。

　前の章でも述べたが、たとえば僕の趣味である草野球も、そんな見返りを求めてプレーしていたら、「ちゃんとした」大人なら一発で見抜けるはずだ。気づけない目をした人からもらう見返りもたいして旨い話じゃないだろう。

　コメディの世界もそうだ。ブッキングされるために誰かの太鼓持ちになるやつは、誰かの人生まで変えてしまうジョークなんて作れない。

　これまで助けてもらった分、いつか誰かに恩返ししていければとも思っている。

(3) 期待すること

　僕は筋金入りの楽観主義だ。すべてがうまくいく皮算用で計画を立てる。それに加えて性善説派だからすぐ人を信じてしまう。だけど、人に「期待」だけはしないよう心がけている。別に人を信用していないのではない。もし仮にできなかったとき、その人を恨みたくないからだ。

　「うまくいくはずだったのに。あいつのせいで……」

　そんな恨み節を山ほど聞いてきた。でもそれは自分が勝手に、「あいつ」に期待しただけなのだ。できなかったのは「自分」のせいでしかない。

　誰かに期待して、祈るように待っていては時間の無駄だ。

　思えばこれまで、心の底から人に期待してきた。「これが

うまくいけば、きっと僕の人生が変わる」とさえ思ったプロジェクトは、ついぞ実施すらされなかった。それに落ち込み、2、3日はベッドから起き上がれず、ご飯もろくに食べられなかった。今考えると、期待した僕が馬鹿なのである。「期待」の方が、それを実現するための「行動」よりも大きかった。だから相手だって動かなかったのだ。

成功を疑わない楽観的な思想があるのなら、それに向かって一直線で走ればいい。途中で転んでも、走り続けていれば、いつかゴールテープは切れるはずだ。

僕は僕自身にだけ大いに「期待」している。

9.こだわり

これまで仕事で関わった多くの人から「頑固ですね」と言われてきた。異論はない。

自分の作品には自分で責任を持つしかないからこそ、頑固にこだわらないといけないときだってある。もちろん聞く耳は持ちたいし、持っているつもりだ。ここでは僕の細かすぎる「こだわり」の一部を紹介できればと思う。

(1) 見え方

毎回、舞台に立つときはスーツと決めている。日本の漫才師がスーツで舞台に上がるのは珍しくないが、アメリカのスタンダップコメディアンの多くは実にカジュアルな出

で立ちでステージに立つ。Tシャツにジーンズというコメディアンもいれば、短パンにサンダルなんてのもザラだ。

　元々は、慣れ親しんだ日本の漫才師の影響で、「舞台は一張羅で出るもの」という意識が働いていたのかもしれない。アメリカでも、なんの疑いもなくスーツで舞台に上がった。すると、いつの頃からか「Well Dressed Comedian（＝着飾ったコメディアン）」と認識され、それが僕のひとつの個性になった。改めて考えると、毒を吐くことだってあるからこそ、格好は端正にして、品を保ちたいとも思う。

　スーツはオーダーメイドで仕立てている。草野球のチームメイトでScoobie DoのMobyさんに紹介してもらった世田谷の老舗、「洋服の並木」で作る。これまでに6着ほど仕立ててもらったが、毎回僕の細かい要望に応えてくれる。裏地の生地や、イメージカラーの赤と金を施したボタンに、カフスまわりの縫い糸、襟の形まで指定する。舞台中にチラッと見えたスーツの裏地で、コメディアンの印象が変わるかもしれない。マイクを持つ手がカメラでクローズアップされれば、カフスボタンが映る。襟元につけたラペルピンが目立つようにするには襟の形だって重要だ。そんなことを突き詰めながらのスーツ作りは楽しくて仕方がない。

　靴も毎回同じブランドのものを履いている。マドラス社の革靴だ。日本に帰国の際は必ず、メンテナンスに訪れる。

一年履いて疲れてしまった「相棒」も、銀座店の荻原店長の手にかかれば、魔法のように生き返ってしまうから驚きだ。舞台を踏みしめるための靴は、やはりぴったりとフィットし輝いていてほしい。

　髪型にも僕なりの「ルール」がある。いつも決まって左から右に流すことに決めている。理由は簡単で、髪の流れに沿っているだけ。でも、流すことで左右は非線対称になる。それにより、右を向いたときと左を向いたときで、表情の見え方に差を作れるのだ。かみしもを切ってふたりの会話を演出するとき、どちらを向くかでキャラクターの違いが見えやすくなると、鏡の前での稽古を繰り返す中で気がついた。

　「見え方」なんてあくまでうわべでしかない。でも、マイクだけで表現しなきゃならない芸能で、突き詰め得る大事な要素にはなり得る。マイクも握り方ひとつで、「決意のこもった」意見の表明に見えることもある。手の動きというのは客席から見ても目立つらしい。

　いくつものコメディの大会に出場してきたが、その審査基準に必ずといっていいほど含まれていたのが「Stage Presence（＝ステージでの存在感）」という項目だった。極めて曖昧なこの審査項目には、おそらく「自信」や「立ち姿」、そして「見た目」も含まれる。そのコメディアンの「個性」

と「信念」を反映させた「見た目」にこだわりを持つこと
は、芸を研ぎ澄ますことと同じぐらい重要なはずだ。

(2) 表情筋

　表情だって大きな要素だ。こちらへ来てよくこんな言説
を目にする。

　「日本人は顔の表情が乏しい」

　そうは思わない。僕ら日本人には日本人同士でわかりあ
える表情の作り方があるはずだ。それはおそらく「目」で
ある。日本語に「目は口ほどにものを言う」ということわ
ざがある。英語にも、「The eyes are windows of the heart
（目は心の窓）」という似た表現があるが、実際にアメリカで
使われているのを見たことはない。

マドラスの荻原店長と。魔法のように磨いてくれる

つまり、日本では伝統的にお互いが目を見合いながらコミュニケーションを取ってきた。相手の目から心情を慮ってきたのである。対して、アメリカでは顔の下半分の筋肉を使って感情を表現することが多い。口元の口角をぐいっとあげたりする表情で、疑問を投げかけたりもできる。日本人が「表情が乏しい」と言われるのは普段僕たちがこの筋肉を使うことに慣れていないからである。

　この両者の使う筋肉の違いは、携帯電話のメッセージでも用いられる「顔文字」にも表れている。

　日本の顔文字が「目」を表す（*^^*）や（T_T）というものが一般的なのに対し、アメリカで用いられるのは口周りを表した :) や :(そして :-o（すべて横倒し）が主流だ。

　コロナウイルスの大流行でマスクの着用が義務化された際にも、当初多くのアメリカ人が懸念していた理由のひとつに「マスク着用で相手の表情が見えなくなってしまう」というのがあった。なるほど、マスクを着けていても、日本人同士は互いの目を見て表情を読み取ることに慣れているが、アメリカ人同士では口まわりの表情という「ツール」がないと読みづらくなってしまう。

　それだけ両者に違いがあるからこそ、アメリカ人の観客に作品を届けるために、鏡の前でこれまであまり使ってこなかった口まわりの「筋トレ」をしている。

10. 世界に出ていくこと

　ハタチのとき、イギリスへ短期留学した。エセックス大学の語学プログラムには、世界中から留学生が参加していた。覚えているだけでも、イラク、サウジアラビア、カザフスタン、ウズベキスタン、中国、ルーマニア、キプロス、モロッコ、エジプト、イスラエルと地域もバラバラな学生たちが集う教室は賑やかだった。そして日本人は僕だけだった。

　誰ひとり日本を訪れたことはないと言っていたが、それでも遠く離れた「神秘の国、ニッポン」に興味を持っていることは明らかで、子どものような目で質問攻めにしてきた。文化や習慣、そして政治のことまで。

　「日本人はなぜ部屋に入るとき靴を脱ぐの？」

　「神道と仏教の違いってなんなんだ？」

　「今の政権は国民にどう思われているんだ？　お前個人の意見はどうなんだ？」

　それまで日本のことを知っているつもりだったが、これらの質問に思うように答えられない自分がいた。それがたまらなく悔しかった。世界に出てみたはいいものの、生まれ育った日本という国のことを僕はなにも知らないのだという事実を喉元に突きつけられた。

そしてそのとき、やっと気がついた。「世界を知る」第一歩は「日本を知る」ことからはじまる、と。

　イギリスから帰国後、それまで日々の生活の中でなんの疑問も抱かなかった些細な事象にも、探究心を持つように心がけた。当たり前と思っていたことの「理」がわかっていくことが、心地よく思えた。

　アメリカに渡り、多くのアーティストとも交流を重ねたが、彼らも同じく、日本の芸術に対する好奇心で溢れていた。僕もあのときよりは少しだけ歴史も文化も詳しくはなったが、それでもまだ彼らの疑問を解消するだけの満足いく答えは出せないでいる。

　なにより驚かされたのは、僕が出会ったアメリカのジャズ・ミュージシャンは、皆その歴史を詳しく知っていた。自分たちの打ち込むジャズという音楽の「ルーツ」を知り尽くした上で、新しい音楽を創造しようとしていたのだ。

　スタンダップコメディアンとして、アメリカやイギリスのコメディの歴史をおさえることはもちろん、日本の笑いの歴史に通じておくことも、世界に羽ばたく上で重要なことだと彼らが改めて気づかせてくれた。

11.スタンダップコメディという「笑い」

　ここまで散々「スタンダップコメディとはこういうもん

だ」という能書きを偉そうに書いてきた。しかしスタンダップコメディにおいてもっとも重要なことを書きそびれた。

　それは、なんだかんだ言ったって、「コメディ」だということである。「笑い」なのだ。

　僕らが舞台上で、どれだけいいことを言おうが、社会的なことを述べようが、そして戦おうが、作品が観客にとって笑えなければ、それは「コメディ」でもなんでもない。

　もっとも根幹の、「観客を笑顔にする」という目的を達成できなかった時点で、僕はスタンダップコメディアン失格なのだ。観客は、「お金」と「時間」と「ソウル」を捧げてコメディクラブに「笑いに」やってくる。そして、僕は舞台に立って、彼らを目一杯笑わせる。実にシンプルだ。

　これだけ両者の目的が明確だからこそ、その公演が「成功」か「失敗」かも非常にわかりやすい。しかも観客は、客席にいながら第三者として公演の出来を評価できてしまう。たとえ自分はおもしろかったと思っても、周りの客が誰も笑っていなかった場合「失敗」の烙印を押し、おそらく家に帰って家族には「あのコメディアン、今日はスベってたよ」と報告するに違いない。

　結局は、笑わせたもん勝ちだ。そして、僕が思うスタンダップコメディの一番の魅力も「笑える」こと。コメディクラブに行けば、そこには必ず「笑い」がある。もともと

人類にとって「笑い」が、「敵でないことの表明」という伝達の手段なのだとしたら、人々が同じテーマに対し「笑い」を共有している空間とはなんて平和な場なのだろう。この「笑い」を通せば、深まる分断の「対話のきっかけ」にだってなる。

　角の立つかもしれない話題も、「笑い」を通して伝えることで、ちょうど童話『北風と太陽』でいうところの「太陽」になれるかもしれない。身にまとったコートのような、分厚すぎる心の隔たりさえも、「笑い」ならばどうとでもできると信じている。

　だから僕は笑わせ続けなければならない。僕はどこまでも観客の笑いに貪欲だ。もちろん「いい作品」で笑わせたいが、僕は世界中の誰よりも大きな笑いを、できるだけ多くの人に届けたい。誰にも負けたくない。

仲間たちから見た
Saku Yanagawa

ドリュー・ダン （コメディアン）

ボストンで活躍するコメディアン。シアトルコメディ大会で優勝を果たし、全米でヘッドライナーとして公演。

◆「はじめてステージを見たとき、ビビッときた。本当の才能があるとすぐにわかったよ。笑いの構造が何層にもなっていて深みがあるんだ。それから、僕たちは生年月日がまったく一緒でまさに双子だよ。野球の腕もすごいね。レッドソックスに欲しいよ」

ヴィック・パンジャ （コメディアン）

シカゴで活躍するコメディアン。ショーも多数プロデュース。自身のアルバムはiTunesで全米1位を獲得。

◆「Sakuほど自分の信念を持ってるやつに出会ったことはなかったな。地図は読めないくせに、自分の進む道はちゃんとわかってるんだな。日本から来て何の後ろ盾もないアメリカで、実力ひとつで戦ってるんだから本当にすごいよ」

ケリー・シーハン （プロデューサー）

セカンド・シティで長年に渡り、プログラムデザイン、ショーのプロデュースを担当。Sakuのマネジメントも担当。

◆「彼は究極の人たらしね。彼のためならなぜだかみんな動こうって思っちゃうのよ。もちろんそれはみんな、彼の努力とか、思いを知ってるからなんだけど。みんなの"末っ子"って感じね」

マーズ・ティムズ （コメディアン）

セカンド・シティでも活躍するコメディアン。インプロやスタンダップコメディの公演のみならずNetflixなどで俳優としても活躍。

◆「まさに"Rising Star"さ。これまでに観たことのない華だね。そして、日本を背負っている覚悟があるね。あと、あのスーツ！俺にも作ってくれって毎回言うんだけど、一向にくれないね」

chapter 4

スタンダップコメディ
最前線
What's Happening on Standup Scene in 2021

時代とともに「笑い」は変わる。目に見えないぐらいの、ものすごいスピードで形を自在に変えていく。僕が本格的に舞台に立ちはじめた2014年と比べても、アメリカのスタンダップコメディは確かに変わった。

　そしてスタンダップコメディはもろに世相を反映する。鏡のように、今世の中でリアルタイムで起こっていることが、舞台の上にそのまま映し出されていく。それに必死に抗おうとする者だっている。

　変わり続ける時代の中で、僕たちコメディアンもまた、日々移ろいを見せている。そんなスタンダップコメディの「今」を、現場から届けられればと思う。

1. キャンセルカルチャーの波

(1)「ウォーク・カルチャー」と「キャンセル・カルチャー」

　近年、アメリカで「Woke」ということばを耳にしない日はない。この「Woke」は「Awake」、つまり「目覚めている」という意味の黒人訛りを語源とし、元々は1960年代、盛り上がりを見せる公民権運動の中、『ニューヨークタイムズ』紙に掲載された黒人作家、ウィリアム・メルヴィン・ケリーが用いた一節がはじまりと言われている。

　それから長い間、日の目を見ることのなかったこのこと

ばが、再び頻繁にメディアに登場するようになった発端は、2014年の「Black Lives Matter（＝ブラック・ライブズ・マター運動）」で、相次ぐ白人警官による黒人への暴行に対して声を上げる文脈で使われ出した。それ以後も性的暴行やセクシャルハラスメントを告発した「#MeToo運動」や、2020年のBLM運動でも広く用いられることとなった。そして今、差別に対して敏感な潮流は「Woke Culture（＝ウォーク・カルチャー）」と呼ばれている。

　また今日、この「ウォーク・カルチャー」の流れがひとつの変容を見せている。差別的な現状に「目覚め」た人々が行動を起こし、差別的な人物や組織を糾弾しやめさせようという「Cancel Culture（＝キャンセル・カルチャー）」へと発展したのだ。その結果、過去のSNSでの投稿までもが蒸し返され、多くの著名人が仕事の機会を失った。とりわけコメディアンの過去の発言は恰好の餌食となった。

　たとえば、今をときめくスタンダップコメディアンのケビン・ハートは、10年以上前のゲイを揶揄する数行のツイートを掘り起こされ、炎上。すでに発表されていたオスカーの司会という大役を辞退する羽目になった。それを自身の舞台で擁護した大御所コメディアン、デイブ・シャペルまでもが炎上し、ボイコット運動が起こってしまった。

　もちろん「#MeToo」などに見られるおぞましいセクハラ

や差別的な発言に対して、当時ではあげられなかった「声」が今の時代になりようやく届くようになったことは称賛されるべき変化ではあるが、行き過ぎた「キャンセル・カルチャー」は今アメリカでも大きな社会問題となっている。

　自身の「正義」を振りかざし、過去の失言を取り上げては炎上させ、今のポジションから引き摺り下ろし、まるで鬼の首を取ったかのように振る舞うことは、およそ差別そのものの根絶にはつながらない。

　そんな敏感な「ウォーク」の時代だからこそ僕たちコメディアンはその変わりゆく「一線」を見極めるために、日々繊細に感性を研ぎ澄ませておかなければならない。勉強だって必要だ。舞台でネタをかけるのに「覚悟」がいる時代になってきた。オーディエンスもそういったジョークに対しての「覚悟」がいるし、ときにコメディアンの発言の真意を受け止め、笑うとともにハッとした気づきを享受することも求められている。「ウォーク・カルチャー」時代、コメディアンと観客の双方が「目覚め」なければならない。

(2) キャンセルされたコメディアン

　2019年5月、アメリカのスタンダップコメディアンたちを震え上がらせる出来事が起きた。フロリダ州ネイプルズのコメディクラブで公演をしていたアーメッド・アーメッドが、ジョークの内容を不快に思った観客のひとりに通

報され、警察から事情聴取を受けるという事件が発生。キャンセルの波がすぐそこまでやってきていることを見せつけられた。

　アーメッド・アーメッドはエジプト出身のアメリカ育ち。アラブ系アメリカ人という出自を生かしたネタが特徴で、20年以上活動を続けてきた実力派だ。この日もステージに立った彼は、客いじりの一環でこう言った。

　「今夜この中に俺と同じアラブ系のやつはいるか？」

　会場の数名が拍手で応えた。すかさずアーメッドは、

　「そうか、そしたら俺たちは独自のテロ組織を結成できそうだな」

　とアドリブ。会場は笑いに包まれたという。しかしそのジョークに「脅された」感覚を覚えた観客のひとりが翌朝になって通報し、アーメッドも公演前に劇場で詳しい事情聴取を受けた、というのがことの顛末である。

　彼自身、通報は寝耳に水で、「アラブ人＝テロリスト」という"ステレオタイプ"を用いた自虐ネタがこのような事態になるとは思いもしなかったそうである。しかしこのとき、取り調べ後の警官のコメントが粋だった。帰り際、

　「今日の公演、昨日とネタを変えちゃダメだぞ。俺はお前の作品を支持する」

　と言い肩をポンと叩いたのだ。コメディクラブのオーナ

ーも報道陣の問いかけにことばを選びながら、

「彼は率直すぎたのかもね。コメディアンは笑わせようと常に全力を尽くすもんだけど、今回はそれがこのお客さんにはうまくはまらなかったってことだろう。でも我々はこのクラブでの、彼の来年の公演ももう約束したよ」

と述べ、彼を擁護した。

もちろん、僕たちは「一線」を見極めなければいけない。それでも、ときにそれを「越した」とジャッジされ批判にさらされることもある。それでも「信念」と「覚悟」を持って攻めた結果なのだとしたら、無知で越えた「一線」とはまるで意味が違うだろう。「ブッキング」する立場の人だって、僕らの芸を信じ、僕らを使うことに対しての「信念」があれば、批判への対応の仕方も変わるはずだ。批判の矛先が自分たちに向くことを避けるために、コメディアンを「キャンセル」するだけでは、本当の「芸」を観客に見せ続けることはできない。「覚悟」と「信念」があればこそ、ギリギリのラインに踏み込むことが許される。

2. クリーンコメディへの変遷

キャンセル・カルチャーの高まりの中で、近年スタンダップコメディアンの「芸風」にも変化が見られている。「炎上」を避け、攻めた発言をあえてしない「クリーン」なコ

メディアンが急増したのだ。

　ここ数年で、ポリティカル・コレクトネスを遵守し、論争を生むような際どいジョークを自粛するスタイルのコメディアンがどっと増えた印象だ。

　たとえば今日、LGBTQをジョークにするコメディアンはほぼいなくなった。もちろん自身がゲイであることをカミングアウトした上で、半ば自虐的にジョークにしていくことはあるにせよ、ヘテロセクシャルの立場から「ゲイいじり」をすることはおよそ時代錯誤とみなされ、批判の対象にもなり得る。

　他人種への「いじり」も難しい時代になった。これまで、英語の訛りをモノマネする「アクセント芸」はスタンダップコメディの鉄板でもあったが、現在では自分の人種という範疇を超えた模写は、「攻撃的」なジョークとみなされる。

　いわゆる「デブいじり」や「ハゲいじり」もそう。今アメリカでは「Body Shaming（＝ボディ・シェイミング）」ということばが頻繁に使われている。自分の物差しで相手の身体をジャッジし、批判する行為のことである。「デブ」や「チビ」などのわかりやすい悪口はもちろんのこと、たとえ自分ではよかれと思って言った「顔小さいね」ということばでさえ相手を傷つけるかもしれないのだ。そのため、どんな身体であろうと、つまり、背が高かろうが低かろう

が、太っていようが痩せていようが、たとえ障害があろうが、ありのままの身体を讃えようという風潮が高まっている。これらは「Body Positivity（＝ボディ・ポジティヴィティ）」と呼ばれ、近年のプラスサイズ・モデルの登場も後押しした。他者の身体をいじって笑いにすることももうできない時代だ。

　このような状況で、以前では考えられなかった、歌ネタやフリップネタのような、「日本的」とも言えるネタをやるスタンダップコメディアンまで現れた。ポップなリズムや絵に乗せて、「健康的な」ジョークを披露していくスタイルの芸がじわじわと広がりを見せているのである。

　コロナウイルスの感染拡大もそうしたコメディアンの増殖に一役買った。劇場の閉鎖に伴い、コメディを家のリビングで楽しむ人が増えた。リビングという「共有スペース」での鑑賞になるわけだから、当然子どもだって観る可能性がある。そんな中でも安心して楽しめる、「安全な」コメディの需要が急速に高まったというワケだ。

　しかし一方で、そのような状況を心底憂いているコメディアンもまた数多くいる。

　たとえば、シカゴ出身の人気コメディアン、デオン・コールは自身の公演の中で客席に向かってこう語った。

　「今アメリカのコメディはパンチがない。軟弱で遠慮して

話すんだ。アメリカらしくない。みんな小さなことにビクついている。音楽もダメ、映画もダメ。コメディが最後の砦だ。ここが崩れたら終わりなんだ。違う考えを排除しちゃダメだ。他人をリスペクトするんだ。自分と違う考えのやつとの出会いは転機なんだから」

また、同じく人気コメディアンのクリス・デリーアも舞台の上で語気を強め、決意を口にした。

「おかしな世の中だ。みんなすぐ気分を悪くする。そしてコメディアンを炎上させようとするんだ。でもそうすると喋れるネタの範囲が次第に狭まって、ついには、僕らはなにも言わなくなってしまうさ。でも、それじゃダメなんだ。だから僕は自分が舞台上で言ったことに対して、もし観客が腹を立てたとしても、決して謝らないと決めたんだ」

確かに僕らは時代に合わせて自らをアップデートさせなければならない。しかし、もしコメディが社会の矛盾にも切り込める「最後の砦」としての可能性を秘めているのだとしたら、僕はそれを信じたい。

3. フェミニズムとコメディ

近年、女性コメディアンの活躍がめざましい。10年ほど前までは圧倒的に男性コメディアンが多かったこの世界も、ようやく変化の兆しが見えてきた。楽屋でも、徐々にでは

あるが、女性の占める割合が増えてきた気がする。

　今日の女性スタンダップコメディアンの大きな特徴のひとつとして挙げられるのが、「強い女性像」を全面に打ち出したスタイル。むき出しのことばで本音をぶちまける芸風のコメディアンが実に多い。彼女たちはときに、キツい下ネタだって抵抗なく言い放つ。近年でいえば、エイミー・シューマーやホイットニー・カミングス、アリ・ウォンなどが有名で、女性からも大きな支持を集め、メインストリームのコメディアンとして尊敬を集めている。

　そうした芸風の根幹にはおそらく「フェミニズム」が大きく関係している。元来、男性が多数を占めていたスタンダップコメディ界に女性が参入していく際に、「女性だから」これを言ってはいけない、言うべきではないという偏見に満ちた批判に対して、彼女たちは女性の立場から、あえて積極的に下ネタを言うという、ひとつの打開策を示してきた。

　実際、彼女たちの大胆で正直な姿勢が多くの女性を勇気づけてきたし、女性コメディアンの多くが今も「フェミニストの象徴」と位置付けられている。

　もちろん下ネタだけではない。女性の権利についても語る。たとえば、近年大きな影響力を持つニッキー・グレイザーを例にとってみよう。

彼女はステージ上で、下ネタをまぶしながらも、一貫して「女性のチョイス」を語る。

　「女性も自分の“チョイス”でセックスしていい時代なの」

　性の解放が進んでいるイメージのアメリカでも、女性がセックスについてオープンに語れるようになった歴史はまだ浅い。自身が酔っ払ってやらかしてしまった体験談や、コンプレックスを克服して前向きに男をゲットしようとしている話などは、会場の女性たちの「声」をときに代弁し、スカッとさせる。

　そして最後に、

　「女性自身の“チョイス”で中絶だってできるべきだわ」

　と訴え、会場からは大きな拍手が上がった。

　アメリカでは2019年、南部を中心に多くの州で人工妊娠中絶を禁止する州法が成立した。多くのキリスト教福音派が住む南部において教義に反する堕胎手術は、たとえ近親相姦やレイプによる望まれない妊娠の場合でも、「罪」とみなされ、アラバマ州ではそれに違反した際には、執刀医にも、レイプ犯より重い最大99年の禁固刑が科せられるという法律が誕生してしまったのだ。そうした一連の流れに全米で女性たちが立ち上がり、女性の生殖の権利と選択の自由、いわゆる「プロ・チョイス」を守るための抗議運動が行われた。

もちろん彼女が見せる下ネタをまぶして伝えるフェミニストとしての姿勢は、アメリカ国内でも賛否を生んでいる。否定的な意見の中には、ただ下ネタを言うだけでは本当の意味での女性の権利向上にはなにひとつつながらない、というものも。

　おそらく彼女自身も、「下ネタ＝フェミニズム」とは考えていないであろうし、セックスについて本音をぶちまけたところで、本当の意味でのフェミニズムが結実するわけではないことぐらい理解している。しかし長年、表舞台に女性コメディアンとして立ち続ける中で、今なお肌で感じる見えない偏見に対し、彼女が下ネタで切り込んで「声」を届けるという「チョイス」をしたのなら、僕は彼女のその「チョイス」を支持したい。

4. 脱・自虐の時代

　これまで、アメリカのスタンダップコメディ界において、実に多くの「マイノリティ」が活躍してきた。歴史を紐解くと、古くはユダヤ系や黒人など、「虐げられていた」人々が、差別を笑い飛ばすために行っていた語りがスタンダップコメディの起源だとする説もある。

　2021年現在も、マイノリティのコメディアンは非常に多く存在している。それは「エスニシティ（民族）」という

意味でも「ジェンダー」という意味でも。

　これまで伝統的に、たとえばエスニックなコメディアンは自身のステレオタイプを最大限に活かしながら、それをジョークにして笑いを取ってきた。身体的特徴や、不名誉なイメージさえもジョークにしてしまうことで笑い飛ばそうというものだ。

　たとえば、もっともクラシックなものでいえば、ユダヤ系のジョークにこんなものがある。

　「鼻が大きい」という身体的特徴と「ケチ」だというステレオタイプを混ぜ合わせ、

　「なぜユダヤ人が鼻が大きいか知ってるか？　だって、空気はタダだから」

　ほかにも、アジア人が「男性器が小さい」ことを自虐ネタにするのも「ベタ」なジョークの例としてあげられる。

　こうした「自虐ネタ」は英語だと「Self-Deprecating Humor」と呼ばれ、100年以上にわたって、人々にも、そしてコメディアンにも愛されてきた。

　露骨な差別も残っていた時代、辛い現実を「笑い」に昇華することで、その不名誉なステレオタイプさえも打破しようとする先人たちの努力が、こうしたユーモアの源流には流れているのだろう。

　僕自身だってこうしたシンプルな「自虐ネタ」を舞台で

頻繁にかけていた。確かに、笑いは簡単に起きる。しかし一方で、どこか違和感を覚えずにはいられなかった。

　おそらく僕を含めた多くのコメディアンたちが、ステレオタイプを自虐することが、その打破につながるどころか、やみくもに助長しているに過ぎないのではないかという疑問と長らく戦ってきたに違いない。

　そして2021年。今、世の中ではしきりに「ダイバーシティ」ということばが叫ばれている。誰もが自分に誇りを持ち、イキイキと暮らせる「多様な」世の中になったはずだ。すなわち舞台の上の僕たちも、自分の「エスニシティ」にも「ジェンダー」にも誇りを持っていい時代だ。自分の努力で変えることの出来ないものを自虐する必要なんてない。陳腐な自虐から脱する時代がついにやってきたのだ。だからこそ、大切なのは自分の「視点」を胸を張って伝えること。「違い」を笑える時代はもうそこまで来ている。

5.アジア系の台頭

　近年、ようやくアジア系のスタンダップコメディアンが台頭してきた。「ようやく」と書いたのは、これまで全米規模での成功を収めたアジア系コメディアンは、おそらく片手で数えられるほどしかいなかった。なにより、「アジア系＝真面目でおもしろくない」というイメージがはびこるほ

どに、コメディ界に進出するアジア人は少なかった。

　アメリカでは「アジア人」が十把一絡げにされ、その広い枠組みの中で理解されてきた歴史がある。冷戦期には「モデル・マイノリティ」と称され、声を上げない善良な市民とみなされたし、ベトナム戦争期には「グーク（元々は韓国系を侮辱することば）」と一括りにされ差別の対象にもなった。そして、その度に権利獲得のために立ち上がり戦ってきた人々も確かにいる。

　現在、めざましい活躍をしているのは、先ほど名前をあげたアリ・ウォンを筆頭に、ロニー・チェン、ジミー・O・ヤンなど。上記の3人は、Netflixやアマゾン・プライムで1時間のスペシャルが配信されるなどの人気っぷりで、俳優として映画やドラマにも進出している。

　もちろん、彼らのネタの構成に、自身の「アジア人性」が含まれていることは確かだが、彼らの作品にはそれ以上に、先述の「自分のエスニシティに誇りを持って」アメリカをジョークにしてやろうという強い意志が見える。

　ロニー・チェンはたとえば近年の白人と黒人間での軋轢に触れ、

「君ら（白人と黒人）が僕ら（アジア人）のことなんて気にも留めないのと同じで、僕らだってどちらのこともどうだっていい。だからなんの偏見もなく公正にジャッジできるん

だ。アジア人の大統領ならこの国がうまくいきそうでし
ょ」

と、ネタにした。

ジミー・O・ヤンは、

「体育の時間の前にブリーフを履いていた俺をいじめっ
子が『お前はゲイだ』ってからかうんだ。そいつ曰く『ジ
ミー、ちょっとだけズボンを下ろして腰パンにすれば、こ
の国では“クール”だぜ』って。そいつの前でズボンを下
ろす方が“ゲイ”だと思うけど」

と、アメリカ文化のおかしいと思うところにツッコミを
入れてみせた。

実際、ロニー・チェンもジミー・O・ヤンも生まれはそ
れぞれマレーシアと中国で、アメリカ人とは異なる文化的
なバックグラウンドを有する。このようにふたつの文化を
持つ人を「Bicultural Person（＝バイカルチュラル・パーソン）」
と呼ぶ。アメリカのエンタメでは、こうしたバイカルチュ
ラルな才能が多く誕生してきた。「移民」としてアメリカに
渡ってきた親世代とのギャップをジョークにするのも一般
的だ。観客にとって人種的他者である「親」という、いわ
ば「エイリアン」を、その間に位置する存在として語るネ
タがこれまで多く見られた。

アメリカをある種、客観視しながら自身の視点と照らし

合わせ、アメリカそのものをジョークにしようとする姿勢は痛快だ。明らかに「シンプルな自虐」から脱しようとする姿勢も見える。彼らは、努めてアジア人の身体的特徴をネタにすることを避けているように感じる。「笑われる」対象としてではなく、まさに力強いことばでアメリカを「Destroy（＝ぶっ壊す＆爆笑させる）」しようという気概が見える。ダイバーシティ時代の新ヒーローに、僕も確かな勇気をもらった。僕も続かなければ。「レモン」として僕が代弁できる「声」もあるはずだ。

6.ツッコミという役割

　Chapter 1で「アメリカのスタンダップコメディはもともとふたり組で行われていた」と述べた。いわゆる漫才のようなスタイルでFool（＝ボケ）とStraight Man（＝ツッコミ）が存在していた。それがいつの頃からか合理化され、ひとりになっていった。

　僕自身、これまで日本語でもスタンダップコメディをしてきたが、そのときにひとつの障壁となるのが、この「ツッコミ問題」だ。

　ツッコミという役割は、観客に対して「笑いどころを示す」ガイドでもある。つまり、ボケという「異常な」人の間違いを、「観客と同じ視点を持つ」ツッコミが正したとき

に、「ここが笑いどころですよ」という合図を観客に送っているのである。言い換えれば、「小さなボケをツッコミで大きくする芸能」とも表せる。僕だって、劇場で観客として漫才を見ているとき、できることなら会場のほかの観客たちと同じタイミングで一緒に笑いたい。ひとりで笑うのはどこか恥ずかしいからこそ、「ガイド」は欲しいとも思う。

しかし、ここで疑問がひとつ。2021年、これほどまでに「ダイバーシティ」と言われている中で、ツッコミという「観客全員と視点を同じにする人物」という構図が成り立ち得るのかということだ。本来ならば「視点は人それぞれでいい」と叫ばれているはずの今、ツッコミが正した内容を、別におかしく感じていない観客だっていてもいい。そういう意味でも、「ダイバーシティ」を追求していくと、このツッコミという役割自体が消失していくのではないかとさえ思っている。

アメリカでは様々な理由から、この「ツッコミ」がなくなった。そして、これからも復活はしないだろう。

もしかしたら日本も近い未来、ひとりの話芸にシフトしていくのかもしれない、と淡い期待を持っている。

7. 傷つけない笑い

最近、日本のメディアでたびたび「傷つけない笑い」と

いうことばを目にする。もちろん、自分の努力によって変えることのできない事柄をイジる、という文脈での「傷つける笑い」は言語道断だ。たとえば「人種」や「出自」、「宗教」や「ジェンダー」など。「ひと昔前なら許されたのに」ということばも通用しない。

しかし、僕は、どうにもこの「傷つけない笑い」ということばがひとり歩きしていないかと、違和感を覚えずにはいられない。

そもそも、芸術全般を通して、「傷つけない」という枕詞がつくものを、僕は信用していない。無論、ここでいう「傷つける」は「差別的な」という意味ではない。「当たり障りのない」作品ばかりを世間が求め出すことに、ある種の恐怖さえ感じる。

これまで、多くの芸術が、受け手の心にハッとした気づきや、考えるきっかけを与えてきたはずだ。

コメディだってまさにそうした芸能であろう。「Strong」なジョークには何層にもわたる奥行きがある。たとえ、過激に聞こえるジョークでも、たとえば、観客はそれを笑っている自分自身に気づかされることで、なにかを考えることだってある。

ことばじりだけを「狩り」ながら、思考停止状態で、あれもこれもダメというのがもっとも暴力的な愚行に見える。

日本のお笑いと、アメリカのスタンダップコメディでは纏う役割が違うのだろうが、人に「衝撃」を与えることから目を背けては、マイクを握る意味もない。

　寄り添いながら、優しく「傷つけたい」とも思う。

8. 分断を癒すとき

　昨年11月、大統領選で勝利を収めたジョー・バイデンは、その勝利演説でこう語った。

　「今こそアメリカ国民が団結し、分断を癒すときです」

　今、アメリカでは、歴史上もっとも「分断」が深まってしまっていると言われている。それはなにも政治的な思想に限らず、宗教、人種、経済格差での「分断」でさえも、以前よりはっきりと色濃く可視化された。とりわけ昨年、それらは鮮明に僕たちの目の前に姿を現した。

　5月、ミネアポリスで黒人男性、ジョージ・フロイドが白人警官によって首を押さえつけられ、死にいたらしめられる事件が起きた。これを契機に全米中で抗議運動が起こり、いわゆる「Black Lives Matter」へと発展した。そして、これに乗じて略奪行為や破壊行為も起こり、多くの商店でショーウィンドウが割られ、商品が盗まれる被害が発生した。僕の住むシカゴでも多くの負傷者が出て、街は大きな混乱に見舞われた。

当時、多くの街ではコロナウイルスの感染拡大に伴うロックダウン中だったが、黒人コメディアンのデイブ・シャペルが立ち上がった。彼の住むオハイオ州でゲリラ公演を行い、その模様をYouTubeにアップしたのだ。タイトルは『８：46』、これはジョージ・フロイドが首を押さえつけられていた時間を指す。

　デイブ・シャペルはこれまでに「グラミー賞最優秀コメディアルバム」や「マーク・トウェイン賞」を受賞し、今もっとも影響力のあるスタンダップコメディアンだ。近年はスタンダップコメディの枠組みを超え、オピニオンリーダーとしての役割も果たすようになった。

　あのとき、彼の未完成ながらも力強いことばで語られた「魂」の叫びは、アメリカ中に微かな希望を与えた。

　そしてもうひとつ、11月には大統領選という世紀の大イベントが行われた。同時に、アメリカが「赤」と「青」でくっきりと二分されているという事実が、誰の目にも改めて明らかになった。この大統領選に際しても、多くのコメディアンが意見を口にした。

　それまでクリーンコメディの旗手と目されていたジム・ガフィガンは８月、トランプが共和党の全国大会で正式な大統領候補に指名された瞬間、ついにTwitterで吠えた。

　「このツイートが俺の道徳的美徳を世間にアピールして

いると思われようがどうでもいいし、クソ食らえだけど（Fuckということばを用いて）、俺たちはいいかげん目覚めなきゃならない。トランプはマジでペテン師だから」

決して「Fuck」などの汚いことばを用いないことで知られた彼が、そのキャラクターをかなぐり捨ててまでも呟かなければならないくらい、トランプの行ってきた4年間が許せなかったのであろう。政治に関しても、あえてこれまで言及を避けてきたジム・ガフィガンだけに、その変貌ぶりは多くのコメディファンを驚かせた。

10月、トランプがコロナウイルスに感染した際も、人気テレビ番組『サタデー・ナイト・ライブ』に出演したクリス・ロックは、冒頭ステージに上がるや否や、

「トランプ大統領がコロナで入院したみたいだ。僕は彼じゃなくてコロナの方に同情するよ」

と手痛いパンチを浴びせた。そして真面目な表情で核心に触れた。

「今なぜ世の中がうまくいっていないか。それは特権階級の金持ちが多くの決定をしているからさ。それはまるでイケメンが指南する恋愛のアドバイスみたいなもんで、うまくいくわけないのさ」

現在アメリカでは上位1％の超富裕層が国全体の40％の富を独占していると言われている。そうした状況の中で、ト

ランプ前大統領は、彼らに対して1兆5000億ドルもの減税を行い経済格差はさらに広がった。クリス・ロック自身は疑いようのない「成功者」で、富裕層であることに疑念はない。しかし、その彼が代弁する庶民の「声」に会場は大きな拍手を送った。

　最後に彼は、だからこそ「投票に行こう」と呼びかけた。

　そして11月、ついにバイデンが勝利を収めた。その日の『サタデー・ナイト・ライブ』に出演したデイブ・シャペルは、トランプの敗北にまるでお祭り騒ぎのような客席に向かって諭すようにこう語った。

　「確かに今日は記念すべき、そして喜ばしい日だ。4年前（の大統領選のとき）は最悪の気分だったのに。でも忘れちゃいけないのは今お前たちがこうして拍手しているこのときだって半分のアメリカ人は最悪の気分なんだ」

　そして、ギュッとマイクを握り直し、こう締めくくった。

　「だから、意見の違う人を憎むのはもうよそう。他者を憎むのももうよそう。これからは赦し合う時代なんだ。あなたという存在の中に喜びを見つけていこう」

　4年後のアメリカがどうなっているかはわからない。

　ただ、スタンダップコメディが「分断」を少しでも癒せるのなら、舞台に立ち続ける意義はある。

コメディ事件簿（1）

「ケニアDJ事件」

　2017年、ケニアの人気テレビ番組『チャーチル・ショー』に出演した。アフリカでは、コメディアンが「オチ」を言った際、DJが横で「ドゥドゥーン！」と効果音を入れるのが一般的。でもこの番組、困ったことにリハーサルをしない。

　いざ、本番、観客を前に慎重にネタフリをしていると、横から「ドゥドゥーン」という音が。「まだオチじゃない！」とDJを睨むと「ごめんごめん」のポーズ。なんとかオチまで頑張った。客席は笑っているのに、一向に「ドゥドゥーン！」が来ない。DJを見ると、謎のキョトン顔でこちらを見る始末。

　この話をフジロックで話していたまさにそのとき、後ろのメインステージから音合わせ中のケミカル・ブラザーズが「ドゥドゥーン！」すっかりファンになりました。

「岐阜の神隠し事件」

　名古屋のコメディアンから「岐阜でショーをやるから来ないか」と呼ばれ、自腹で12月の岐阜へ。会場は街のパブ。二階建てだったが、賑わう一階とは対照的に、ステージのある二階には客はゼロ。開演まで粘っても誰もやってこず、一階から無理やり何人か連れてくることに。もともと飲みに来るのが目的の彼ら。僕のネタ中に、目の前でナンパがはじまり、次々にカップルが誕生。中盤に差し掛かる頃、何組かが一階へと消えていく。そして、ついに誰もいなくなりましたとさ。

ケニアの超人気番組
「チャーチル・ショー」にて
（2017）

ポストコロナのコメディ

Comedy After Covid

2020年、世界中を新型コロナウイルスが襲った。こんなことになるなんて、誰も予測していなかった。コメディはもちろんのこと、世界中のエンタメが打撃を受けた。そして、人々は大きな「傷」を負った。

　本稿を執筆している今だって、今後どうなるかまったくわからない。先行きも見えやしない。ただ、この時代をスタンダップコメディアンとして生き抜いていかなければならないということだけはわかっている。

　この章では、コロナがスタンダップに与えた影響と、コロナ以後のコメディの可能性について詳しく論じたい。

1. 突然失われた表現の場

(1) コロナの直撃

　日本を含め、中国や韓国などで新型コロナウイルスの感染者が拡大しているというニュースが報じられていた2020年2月初旬、アメリカでは多くの人が「対岸の火事」と捉えていた。実際、トランプ前大統領は、記者を前に「Under control（＝完全に抑え込んでいる）」と豪語し、アメリカにはその得体の知れない新ウイルスなど決して忍び寄らないと強調してみせた。

　感染の中心がアジアから、イタリアを含めたヨーロッパ

に移った2月下旬でさえ、人々は事態をどこか「他人ごと」のように見ていた。

そして3月、「それ」は突然やってきた。ついに国内で感染が爆発的に広まったのである。いわゆる「パンデミック」だ。ニューヨークでは急速に患者の数が増えるあまり、病床が不足し、「医療崩壊」が生じた。もはや、なすすべもなく死を迎える人々と、その現場に立ち会うことすらできない遺族、そして非情にも冷凍車に運び込まれていく遺体という、あまりにも「生々しすぎる」事実がニュースを通じて伝わってきた。

あのとき、確かに社会の空気が一変したのを覚えている。およそ僕らの人生の中で経験したことのない、目に見えない「敵」が襲いかかってきているのだということを、人々はようやく理解しはじめた。

僕の住むシカゴでも多くの感染者が出ていた。マコーミックセンターという全米最大のコンベンションセンターが臨時病棟に様変わりした。そして3月16日、ついに外出禁止令、いわゆる「ロックダウン」の措置が取られた。

街中のレストランやバーが営業停止になった。学校もオフィスも閉鎖された。そして住民は食料品の買い出しを除き、外出が禁じられたのだ。街はパニックになった。スーパーからは冷凍食品が一瞬にして消え、トイレットペーパ

ーやアルコール除菌シートはあっという間に入手困難になった。ようやく長い冬が明け少しずつ春の兆しが見えかけていたシカゴは、あっという間にゴーストタウンと化した。

　当然、劇場やコメディクラブも閉鎖になった。3月に入り、感染の拡大が見られる中で「自粛」されていた公演も、強制閉鎖という形であっけなく終わりを迎えた。こうして、スタンダップコメディアンの唯一の表現の場は一瞬にして失われた。

　僕自身、3月13日のショーを最後に、舞台を踏むことは約5ヶ月間叶わなかった。

(2) アジア人差別とマスク

　アメリカ人にとって、コロナウイルスがまだ「他人ごと」だった2月、トランプ前大統領はそれを「チャイナウイルス」と呼んだ。トランプだけではない。多くの人が、「アジアから持ち込まれた」ウイルスと認識していた。あのとき、アメリカに来て初めて人種差別を経験した。

　街を歩いているときも、すれ違う人に避けられた。

　知人の日本人は駅で「国へ帰れ」と見知らぬ男に殴られたという。これまで経験したことのない「僕たち」への見えない憎悪と偏見が、街中に溢れているようで怖かった。

　2月下旬、シカゴのコメディクラブで舞台に上がると、前

に座っていたほろ酔いの男性客から野次られた。

「ヘイ、コロナ！」

ここで屈してはいけないと思った。なんとか笑いに変えなければと思った。そしてその客がハイネケンを飲んでいるのを見つけ、舞台の上からウェイターに向かってこう呼びかけた。

「ちょっと、ウェイター！　この人種差別主義者にコロナビール5本持っていって。で、Who pays?（＝誰が払うと思う？）メキシコさ」

トランプがメキシコとの国境に壁を作ることを宣言したセリフを、メキシコ産のコロナビールとかけてネタにした。会場は大きな拍手とスタンディングオベーションで応えてくれた。差別に笑いで勝った気がして、少しだけ鼻が高かった。

「マスク」ですら偏見の対象になった。アジア人は予防のためにマスクを着用する習慣があるが、コロナ禍以前、アメリカにおいてそうした文化は馴染みの薄いものだった。理由のひとつには、前述の「顔の下半分でのコミュニケーション」が主流だからということもあるのかもしれない。いずれにせよ、マスクをするのは「重病人」のみという認識が、多くのアメリカ人の中にあったことは確かだ。だからこそ、僕らがマスクで街を歩いていたとき、人々の厳しい

まなざしが向けられた。

　当初は「マスクは予防の意味をなさない」という声明を出していたCDC（アメリカ疾病予防センター）だったが、4月に入り突如「マスク着用勧告」を出した。

　この勧告に抵抗を示した人々もいた。黒人とヒスパニックのコミュニティだ。彼らの主張は以下の通りだ。

　これまで「黒人」「ヒスパニック」というだけで、不当な逮捕や警官からの暴力を受けてきた。顔を覆うマスクの着用が義務付けられてしまったら、見た目の怪しさが増し、さらなる不当な逮捕や拘束を助長するのではないか。

　日本ではおよそ起こり得ない議論だと感じた。

　そしてこの1ヶ月後、ジョージ・フロイド事件が起きた。彼らにとっていかにこの問題が切実だったのかということを目の当たりにした。同時に今自分が、「マスク着用」というシンプルな行いだけでも一筋縄ではいかない「広すぎる」アメリカにいるのだと、改めて感じさせられた。

　シカゴでも今やマスクは僕たちの「生活の一部」になった。マスクがなければ、どこの店にも入れない。コロナ禍以前では考えられないことが現実になった。

　あるレストランに行った際、入り口に看板を見つけた。

　「WEAR A MASK BE A HERO!（＝マスクを着けよう！　そしたら君もヒーローだ）」

WEAR A MASK BE A HERO!

レストランの入り口に掲げてあるポスター

　なんともアメリカらしいと思った。マスクを着けただけ
で「ヒーロー」になれるなら、僕たちアジア人はずっと前
からヒーローなはずだ。

(3) コロナウイルスをめぐる分断

　コロナウイルスへの対応をめぐっての衝突も発生した。
全米各地で「ロックダウン」に反対し、経済活動の再開を
求める「アンチ・ロックダウンデモ」が発生したのだ。中
にはライフルを持ち込む者もいた。結果としてこうした一
連のデモで多くの血が流れてしまった。

　彼らの主張としては、州知事からの外出禁止令で、自由
を侵害されたというのだ。お隣、ミシガン州では複数回に
わたり数千人規模の大きなデモに発展した。

　コロナ禍で失業率も増加した。給付金も配布されたが
微々たるものだった。家賃を払えない人々も続出した。人々

の不満がパンパンに膨れ上がった風船のように、日に日に大きくなっているのが肌で感じられた。これから迫りくる「暴動」に備え、銃の販売は例年比800%にまで上昇した。

　笑いにすらできない空気感が漂っていた。

(4) 狂ったプラン

　このコロナ禍で全世界中の人々の「計画」が狂ったはずだ。入念に立てていた予定も吹き飛んでしまったに違いない。僕自身もその計画に大きな狂いが生じた。

　まさにスタンダップコメディアンとして「飛躍の一年」になるはずだった。2020年元旦、スピッツの『チェリー』をイヤホンで聴きながら、「きっと想像した以上に騒がしい未来が僕を待ってる」と口ずさみ、これっぽっちも疑わなかった。なにより自分自身への期待に胸を膨らませ、柏手を打った。

　当初、2020年は20州でのツアーを予定していた。大統領選という節目の年に、「赤い州」も「青い州」もめぐり、その両方を笑わせてやろうと鼻息を荒くした。

　憧れの『サタデー・ナイト・ライブ』にも少し近づくはずだった。歴代最長レギュラー出演記録を現在も更新し続けるコメディアン、ケナン・トンプソンのショーに抜擢されたのだ。心を踊らせた。

　多くのコメディアンの目標でもある「Just For Laughs」

というフェスティバルの最終選考オーディションにも残った。あと少しで夢のステージに立てると考えただけで、自然と笑みがこぼれた。

　コメディフェスティバルにもついに「ヘッドライナー」としてブッキングされた。目標だった「60分間」の枠を手にした。カレンダーの日付をペンで消しながら、舞台に上がる日を待った。

　それらもすべてなくなった。ひどく絶望した。つくづく運のない人生だと嘆いた。まるで地球上で僕だけがこんな憂き目に遭っているとさえ思った。「途方に暮れる」ということばの意味を初めて理解した。

　それでも、立ち上がる気力をくれる人々がまわりにはいた。

　当時、シカゴでの活動に密着するドキュメンタリー番組を撮りに来ていたディレクターの土生田さんは、「ロックダウンで表現の場を失ったコメディアン」というテーマで一本の映像作品を「Yahoo Creators!」にアップしてくれた。これが反響を呼び、デーブ・スペクターさんの掛け合いで、フジテレビの『とくダネ！』が取り上げてくれた。沈みかけていた気持ちが救われた。人生捨てたもんじゃないなとも思った。

　コロナ禍でのクラブ閉鎖は、今一度初心に帰り、多くの

ことを考える機会にもなった。本来なら劇場から帰り疲れた体を休めるはずのベッドに、あまりにも体力の有り余った体を預けながら毎晩考えた。

　「いったいなんのために自分はスタンダップコメディをしているのだろう」

　そこで頭に浮かぶのはいつも、

　「自分の視点を笑いで伝えたい。そして意見の違う人をも笑わせたい」

　という答えだった。だとすれば、ステージに立てない今、その「目的」をスタンダップコメディ以外の手段で達成することはできないか、と考えた。そして、そこから僕の「迷走」と「足掻き」がはじまった。

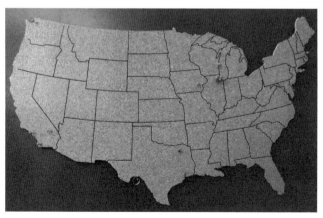

部屋に飾ってあるコルクボード。目指せ全州での公演

2. バーチャルコメディ

　この時期、全米でコメディクラブが閉鎖される中、新たな形態の「スタンダップコメディ」が誕生した。「バーチャルコメディ」だ。文字通り、ZOOMなどのオンラインで行われるスタンダップコメディのことである。観客を前にしたライブの代替案として行われはじめた試みで、4月ごろからコメディクラブがこぞって主催しだした。

　スタンダップといっても、コメディアンは部屋の椅子に座りながら、パソコン画面に向かってネタをかける。それはまだいいが、観客はたいていの場合、カメラをオフにして、マイクをミュートにするもんだから、僕たちコメディアンは「見えない観客」に向かって延々と喋り続けるという、新時代のコメディの洗礼を浴びることになった。ミュートにしなかったらしなかったで、観客の生活音がもろに聞こえてくるため、僕の「Punch（＝オチ）」がハスキーの吠える声にかき消されるなんてこともあった。

　そしてなにより、「各々の家のパソコンの前」という環境で「ライブ感」が失われた。舞台の上で、同じ空間の観客と対峙するという、あのスタンダップコメディ独特の空気感や緊張感をZOOMで出すことは不可能だった。

　多くのコメディアンが口を揃えて、

オンラインでのショー。カメラに向かって
ひたすら話しかける

コメディクラブでの公演とは違った
むつかしさがあるオンラインショー

MacBook Pro

「あれはスタンダップコメディとは呼べないな」

と言った。それでもないよりはマシと、僕らは「舞台」をこなし続けた。

実際、よかったこともある。本当の意味でのグローバルなショーが実現したのだ。時間と空間の制限を取っ払えるショーでは、それまでなら知り合うことのできなかった多くのコメディアンとのつながりが生まれた。コロナという荒波に負けまいと戦う「同志」との出会いはかけがえのないものだった。

しかし、スタンダップコメディは観客ありきの芸能だということに改めて気づかされた。コメディクラブという同じ空間で、ともに笑い声をあげる観客がいて初めて、ひとつのショーが成り立っているという「当たり前すぎる事実」を教えてくれたのは、コロナと「バーチャルコメディ」だった。

3. クラブの経営不振

(1) 相次ぐ有名クラブの閉店

コロナの影響を受け、全米中でコメディクラブが経営不振に追い込まれた。当然である。3月からほとんどの州で強制的に閉鎖になったのだから。夏場、感染のペースが緩まると一部のクラブではショーを再開したが、それでも人

数を制限し、ソーシャルディスタンスを保った上での公演であったため、身入りは限られた。

その結果、多くの「有名クラブ」が閉店に追い込まれた。人気であればあるほど、規模が大きければ大きいほど、客が入らなくなったときの跳ね返りも大きかった。

もちろん「クラウドファンディング」などで救済を募り、幾らかのまとまった金額の支援を集めたクラブもあったが、それでも高い家賃を払い続け、出口の見えない赤字経営を続けることはできなかったのだろう。

シカゴでも、歴史の詰まった劇場がいくつも閉鎖に追い込まれた。セカンド・シティと双璧をなす老舗、「iO シアター」は３月の閉鎖以来、ついぞ開かなかった。セカンド・

閉店が決まったシカゴの老舗劇場、iOシアター

シティさえも売りに出された。それまででは考えられない事態が起こっていた。テキサス州オースティンにあった有名クラブ、「キャップシティ・コメディクラブ」も幕を閉じた。

　僕たちはこのコロナで、数え切れないほどの「コメディクラブ」という尊い「表現の場所」を失ったのである。

(2) 変わるブッキング

　クラブの経営不振は、「ブッキング」の形態においても変化を及ぼした。なんとかしてチケット収入を増やすべく、名の通った「ヘッドライナー」級のブッキングが増したのである。それまでの多くの若手が出演する「ショーケース」スタイルの公演から、テレビや映画で活躍するビッグネームの「ヘッドライナーショー」に切り替えるクラブが急増した。地元のコメディアンよりも、ツアーでやってくる大物が優先的にブッキングされる時代になった。

　しかしそれは、コロナがやってきだした頃から想定していたことだった。なんとか経営をしていくには、チケットを売らなきゃならないのだから、人を呼べるコメディアンを呼ぶのは当然だ。それによって、ステージタイムを失うことに不満があるのなら、人を呼べるようになるしかない。嘆く時間が馬鹿馬鹿しい。

　そうした「ビッグネーム」になりさえすれば、コロナ以

前よりもきっと多くのクラブが僕をブッキングしてくれる。そう言い聞かせて、ネタを書き続けた。

(3) 1929年、こうしてスタンダップコメディは生まれた

歴史が教えてくれることもある。

不況で劇場が閉鎖に追い込まれ、エンターテイメントのあり方そのものが変わったのはなにも今が初めてではない。そして、その「不況」がまさにスタンダップコメディを生むきっかけにもなったのだ。

ときは1929年。世界中を未曾有の大恐慌が襲った。株価の大暴落に端を発した不況はアメリカ中に波及し、多くの失業者と社会的不安を生んだ。

この時代、エンタメの中心にあったのが「ヴォードビル」と呼ばれる芸能。歌や踊りを含んだ大衆芸能で、ミュージックホールと呼ばれる劇場で行われていた。ちなみに、この歌と踊りの合間に「つなぎ」として披露されていた話芸（MCのようなもの）がスタンダップコメディの源流だと言われている。

不況で、ミュージックホールの経営が悪化し、その多くが閉鎖に追い込まれた。ちょうど今のコメディクラブの閉鎖のように。そうした中で、表現の場を失った「ヴォードビリアン」たちは、新たな環境を求め、当時新興メディアであった「トーキー映画」と「ラジオ」に進出していった。

「Talkie（＝トーキー）」ということばからもおわかりのように、出演者が「喋る」ことができるようになったのである。ラジオというメディアも、声のみで、つまり喋りで人を魅了しなければならなかった。

　つまり、新時代のメディアにおいて、「喋る」ことそのものが芸になっていったのである。それ以前の歌と踊りで表現していたヴォードビリアンたちは、喋りのおもしろい「コメディアン」にアップデートすることが求められた。

　そうして多くのスターがトーキーやラジオから生まれ、彼らの多くは「スタンダップコメディアン」と呼ばれるようになった。日本の漫才師、横山エンタツがアメリカを訪れたのもこの時代だ。

　僕は当然、当時の状況を本や映画からしか知り得ない。実際の空気がどうだったかは推察の域を出ない。しかし、不況の中で劇場が閉鎖し、新たな表現の場を模索するという状況はどうにも似かよっている気がしてならない。だとすれば今後、表現の中心が「コメディクラブ」から、別のどこかに移っていく可能性だってあるだろう。

　そうでないと信じたいが、バーチャルコメディかもしれない。あるいは、まだ出会ったことのない別の表現方法だってあるかもしれない。

　その時代の荒波になんとしてでもしがみつかなければな

らない。というよりむしろ、時代の波そのものを作っていくことが求められているのかもしれない。

4. 新しい表現方法に向かって

(1) 新しい表現の場を探すコメディアンたち

　実際多くのコメディアンが、コロナ禍においても「アクション」を起こした。舞台に立てない日々の中で、「声」を届けるべく様々な方法で奔走した。

　僕自身は「安易に」作品を創って、どこか一生残る場所に発表することに言いようのない違和感を覚えたし、その行為への「リスク」と「責任」も理解しているつもりだった。しかし、やらないよりやるしか、もはや道はないという事実も知っていた。

　コメディアンにとって、もっとも「ベタ」だった例は、ポッドキャストへの展開だった。アメリカでスタンダップコメディアンが自身のポッドキャスト番組を持つことは極めて一般的だが、中にはまだ「持たざる者」もいた。マイクとパソコンさえあればできるという、その手軽さゆえに彼らはこぞって番組を開始し、あっという間にシーンは「新番組」で溢れかえった。そもそも飽和状態なポッドキャストのマーケットだったが、意外にもコロナ禍でのリモートワークがそれらに打撃を与えた。車での移動が多いアメリ

力において、ポッドキャストはそれまで、最高の「通勤の
お供」だったのである。しかし、リモートワークで在宅の
仕事が推奨される中、通勤時間はなくなりポッドキャスト
そのものの需要が低下してしまった。

　もちろんYouTubeの番組を新たに開設したコメディアン
も多くいる。インスタグラムのライブ機能を用いた者もい
た。しかし、そのどれもが飽和だった。そして、「すでに多
くのファンや『フォロワー』を持つ者だけが、その作品を
届けることができる」という事実に多くのコメディアンが
直面した。

　かく言う僕も、己の発信力のなさを痛感した。SNSのア
カウントを所持してはいたが、それまでそれらを「育てる」
努力をあまりにも怠ってきた。自分の中で、あるいは「僕

2019年から配信しているポッドキャスト「Saku' Radio from Chicago」

はライブで生きていくコメディアンなんだ」と言い聞かせていたのかもしれない。でも、そんなの言い訳にすぎなかった。いくら満足のいく作品を創ろうが、「お皿」の上にすら乗っていないという事実と向き合うところから、僕の「新しい表現」を探す旅ははじまった。

⑵ デジタルマーケティングの世界

その時期だったと思う。友人に助けを求めた。デジタルマーケティングを専門に行う笹本悠里さんだ。

彼に、今の自分の状況を打ち明け、どうすれば発信力を高められるのか助言を仰いだ。そして、僕らの共同作業がはじまった。

それまでどこか、この「フォロワー至上主義社会」に懐疑的だった。「インフルエンサー」として、大衆の耳目を集めることになんの魅力も感じなかった。そしてその「数」に支配されたマーケットの構造と感性にある種の拒絶感さえ覚えていた。でも、コロナが教えてくれた。そういう世の中なんだから、つべこべ言っている暇があれば、フォロワーを得ればいいのである。フォロワーを得るために動けばいいのである。

どうすれば、コンテンツを多くの人に届けられるかということを考え、僕たちはまず、「ジョークのラベリング」を行った。具体的に言えば、これまで作ったすべてのジョー

クをエクセルファイルに入れ、どの「年齢層」「ジェンダー」「地域」「リテラシーレベル」に響くかで分類していったのである。そして効率よく、そのファン層にアピールすべくそれぞれのSNSに適材適所、配信していくという作戦を立てた。この発想はそれまでの僕には到底考えもつかないものだった。もちろん、すべてを明確に「分類」できるわけではないが、改めて自分のネタをマーケティングの視点から見つめ直す貴重な機会になった。

　のちに劇場に復帰してからも、「今日はどんな客層なのか」ということを読み解く癖がついた。そしてそれは、それまでの僕に欠落していた点でもあった。いかに観客と「つながる」か、という課題のヒントは意外なところに転がっていた。

5.舞台復帰

(1) 緊張の復帰戦

　新型コロナの感染が緩まりを見せた8月、とうとうそのときはやってきた。待ちに待ったライブの復活だ。キャパを40%に絞らなければならないという制限はあったが、そんなことどうでもよかった。とにかくまた観客の目の前で、あのステージに立てることがなにより嬉しかった。

　すぐに「ホームグラウンド」でもあるシカゴのコメディ

クラブ「ラフ・ファクトリー」からお呼びがかかった。僕のお気に入りのクラブでもある。「ここでいつかレギュラーになるんだ」と心に決めて、歩いて3分のところに引っ越したのはもう3年前だ。

コロナ以前、ラフ・ファクトリーの週末公演は380人の会場が毎回超満員だった。そんな夜の観客の熱気は、舞台上のコメディアンを丸ごと飲み込んでしまうぐらい大きな塊となって現れる。それと対峙する舞台がたまらなく好きだった。またあの場所に帰れるんだと思うだけで武者震いがした。そして当日は、新しく仕立てたブラウンのスリーピーススーツで舞台に立とうと決めた。

しかし、復帰戦の日が迫りくるにつれて緊張が増していった。前日の夜は眠れなかった。ようやく寝ついたと思ったら、スべる夢で何度も起きた。当日も「当たり前」だったはずの準備のひとつひとつがぎこちない。家の鏡の前でのリハーサルも、髪にワックスをつけて櫛を入れる動作も、ネクタイを結ぶことさえもひどく難しく感じた。左腕にはめたいつもの時計も重く、そしてひんやりと冷たく感じられた。

劇場まで3分で着くはずの道がとてつもなく長く感じられる。あれだけ待ち望んだはずの舞台が、とてつもなく怖い場所のように感じられた。足取りは重かった。

劇場の前にはもうたくさんの人が並んでいた。どことなくいつもよりオシャレに着飾った観客が多かった。マスク越しにも彼らのその高揚感は伝わってくる。余計に緊張感が増した。初めてオープンマイクに立ったときと同じ感覚だった。まさに初心に帰った心持ちがした。

　楽屋に着いたのは公演開始の45分前。いつもは決まって一番乗りのはずなのに、その日はすでにもう4人のコメディアンが到着していた。すぐにわかった。みんな緊張していた。普段は2分前にやって来るアビー・サンチェスもコーリー・ボイド・ベルもすでに来ていた。僕たちは、実に5ヶ月ぶりの再会を分かち合った。それぞれがこの5ヶ月間、なにをしていたかを得意気に語る。実家に帰っていた者、増量した者、そしてポッドキャストをはじめた者も。それぞれが近況を報告し合う中で一瞬、緊張がほぐれた気がした。

　しかし開演の時間が近づく中、その緊張は再びやってきた。楽屋では誰も口を開かなかった。後にも先にもあれだけ張り詰めたラフ・ファクトリーの楽屋は見たことがない。

　いよいよ開演のアナウンスが流れ、楽屋をハイタッチで見送られた司会のミーチー・ホールが舞台に上がった。会場は待ち望んだライブコメディに大きな声援を送った。楽屋のコメディアン全員がモニターを食い入るように見つめ

る。彼は早速、コロナのジョークを放りこむ。ウケは上々だった。モニター越しにも、いつもよりピンと張り詰めた会場の空気は存分に伝わりくる。観客も自身の「復帰戦」にそれぞれの思いを持っていたに違いない。それらは「空気」となって空間を支配した。

　僕の出番は３番目だった。ミーチーの紹介で一人目のソナル・アガーヴァルが舞台に上がる。インド系の彼女もコロナをネタにしてみせた。

　「３月、コロナウイルスにはニンニクとスパイスが効くってニュースで言ってたわ。それじゃインド人が罹患するわけないじゃないのよ」

　会場はどっと湧いた。やはりいずれのコメディアンもコロナジョークをかけてきた。おそらくそれはコロナ期の僕らの「宿題」でもあった。観客の誰もが、それぞれのコメディアンが「コロナをどう料理するのか」に期待もしていただろう。「そもそもコロナを笑えるのか」と疑問を抱いたが、それこそまさにコメディに求められているあり方だということも感じていた。この状況で俺たちを笑わせてみろ、と言わんばかりの観客の要求と熱量を確かに感じ取った。

　二人目のコメディアンのネタは、緊張しすぎて正直覚えていない。ウケていたのは感じとった。その夜、人は緊張しすぎると足だけでなく、指先まで震えるのだということ

を学んだ。

「次のコメディアンはSaku Yanagawa」

という紹介があり、僕は、帰りたくて仕方がなかったあのステージの真ん中へと歩いて行った。不思議なことに、その舞台に立った瞬間、緊張は嘘のように消えてなくなった。

復帰戦に際し、決めていたことがある。「持ち時間の15分間、オール新ネタで勝負する」と。コロナ禍、舞台に立てない中で、親友のコメディアン、ドリューと毎週行っていた「新ネタ会議」で作ったネタをぶつけると決めていたのだ。それはまさに「自虐からの脱却」だった。新しい自分、生まれ変わったスタンダップコメディアン像を見せる絶好のチャンスだった。コロナジョークも含まれていた。コロナに対する自分の「視点」を明確化させたネタだった。

そして、ウケた。あの笑い声がまた体の芯まで響いた。コロナで舞台に立てなかった5ヶ月がすべて吹っ飛ぶぐらいに心地よかった。

楽屋に戻ると仲間が出迎えてくれた。ハグはできなかったが、「エルボータッチ」がこの上なく気持ちよく感じられた。僕の後の出番のコメディアンもみんなよかった。それぞれに思いがこもったステージだった。今このステージに立っているという喜びを、おそらくはそれぞれが噛み締めながらマイクを握った。僕たちはあの夜、それぞれが「笑

座席の間隔を空けた
ラフ・ファクトリーの室内

ラフ・ファクトリーでの復帰戦

いのバトン」を落とすことなくつないだ。そしてなにより終演後のスタンディングオベーションが、観客の満足度を物語っていた。

その日の夜、家に帰りベッドに腰を下ろすと、途端に全身の力が抜けて、立ち上がれなくなった。いつの間にかそのまま眠りに落ちて、下ろしたてのスーツにしわをつけるという失態をやらかしてしまった。

(2) ツアー再開

迎えた「復帰戦」を勝利で飾った後、幸いにも延期になっていたいくつかのツアー公演を行えることになった。

その一発目がお隣ウィスコンシン州最大の都市、ミルウォーキーでのフェスティバル。全米からコメディアンが出場するこの祭典は、例年大変な賑わいを見せていたが、コロナ禍の昨年はキャパをわずか25人に絞っての開催となった。それでもチケットは即日完売となり、会場には目の肥えたコメディファンが集まった。

そして僕はヘッドライナーとしてブッキングされた。持ち時間は45分。「宿題」の発表の場としては最高だった。ここでも「新ネタ」で勝負しようと決めた。

アウェイを訪ねたつもりだったのに、ミルウォーキーは優しかった。45分間、実に気持ちのいいステージだった。観客と心の芯で「つながれた」気がした。いつもとは違う、

「特別な」ミルウォーキー・コメディ・フェスティバルは僕に確かな自信と手応えをくれた。

　翌々週はミネアポリスに飛んだ。親友ドリューがヘッドライナーをすることになっていたので、そこに無理を言って便乗させてもらったのだ。とにかくステージに立ちたい一心で頼み込んだ。5分間の舞台のためだけに、ギャラもないとわかりながらも、シカゴを発った。得意技だ。

　公演が行われたのは、モール・オブ・アメリカという世界最大のショッピングモールの中にあるコメディクラブだった。ショッピングモールといっても、ジェットコースターや観覧車まで備えた、あまりにもスケールの大きな施設だった。例年であればアメリカ中から観光客が訪れる名所でもある。

　その日もショッピングを楽しんだ後と思われる家族連れがクラブに詰めかけていた。このツアーでひとつ確かめたいことがあった。それまでシカゴでかけていた「トランプネタ」が果たしてウケるかどうかということだ。ミネアポリスは「リベラルな街だ」と言われている。ただ事態はそんなに単純でないことも知っていた。トランプのこれまでの発言や、人格には賛同できないが、「それでもトランプ」を支持するという層だって一定数いる。トランプ支持者がみんな「バカ」で、「人種差別主義者」なわけではない。

それだけに、自分のトランプジョークがどういう反応なのかに興味があった。そして、舞台上でシカゴなら「鉄板」のネタをかけると、冷ややかな反応が返ってきた。内心、「やっぱりな」とも思った。

　観客の僕への期待の薄さも感じた。5分間の持ち時間の「前座」が上がるとき、観客は期待はおろか、注目さえもしていないことがほとんどだ。序盤に舞台に上がるもんだから、ウェイターが席で注文をとったり、お酒を運んできているせいで舞台に集中できないこともよくある。その中で、5分間のタイトでストロングなネタをかけ、心をつかみたかったが、「殺す」ことはできなかった。

　ミネアポリスは思っていたより「アウェイ」だった。しかし、それも訪ねてみなければわからなかったことである。アウェイでの舞台はコメディアンを成長させる。

　ツアーの目的はなにも舞台に立つだけではない。実際に訪れて、この目で街を見たかった。大統領選の直前、街がどういう雰囲気なのか。報道で伝わりくるだけでは決してわからない「リアルな空気」を肌で感じたかった。ジョージ・フロイドのメモリアルもこの目で見るべきだと思った。

　実際、ミネアポリスのダウンタウンは昨年5月の暴動以降、見る影もなく治安が悪化し、荒廃してしまっていた。街が灰色に霞んで見えた。紫色の冷たい雨が降りしきる中、

寒々とした路上は、物乞いをするホームレスで溢れ返っていた。地元の人々はダウンタウンに近寄ることすらしなくなってしまったらしい。レストランはほとんどが閉まっていた。

ジョージ・フロイドの亡くなった場所も献花台が設置され、メモリアルのようにはなっているが、一帯は地元ギャングに支配されていることが一目瞭然だった。スプレーで書かれたギャングのチーム名とともに、

「日没後、この一帯に近づくと血が流れる」

と記されていた。

ことばが出なかった。コロナや暴動の影響でこんなにも街が変わってしまうのかと絶句した。実際に足を運んで、この事態を目で見た経験のある者と、ニュースや新聞からの情報だけを得る者では、ことばのリアリティに雲泥の差があるとも悟った。だからコメディアンは実際に出向き、肌で感じなければいけないと、あの日、切に思った。

ラスベガスでも公演した。ベガスはベガスのままだった。コロナなんてまるで嘘かのように、人々は「眠らぬ街」でバカンスを楽しんでいた。それでも、街には以前にも増して、たくさんのホームレスがいた。このコロナ禍で観光客が減り、職を失った人々も多くいる。路地裏で這いつくばる彼らは、あまりにも眩しすぎるネオンサインをどのよう

に見つめているのだろうか。

　シカゴにいるだけでは、ラスベガスの「陰」を見ることはできなかっただろう。この経験をどう作品にできるかで僕のコメディアンとしての価値が決まると思う。

　10月28日、ラスベガスのホテルで公演に向かう準備をしていたそのときに、一件のニュースが飛び込んできた。

　「シカゴが新型コロナウイルスの第三波により、再び外出禁止。劇場も封鎖へ」

　心のどこかで予想はできていた。それでも部屋でひとり、ため息をついた。

(3) 再びの閉鎖

　2020年10月30日、ハロウィーン直前。大統領選直前で

壁に大きく描かれたジョージ・フロイドのイラスト

もあるこの日、シカゴは2度目の「外出禁止」に入った。それまで規模を縮小していたショーも再び強制終了となった。

　みんなどこか心積もりはあったはずだ。このままでは感染者が減るわけないことぐらいわかっていた。夏の間、緩んでいた規制と人々の意識は、イリノイ州だけで一日1万5000人の新規感染者という「感染爆発」を呼んでしまった。

　そして僕らは再び表現の場を失った。でも不思議なことに、このとき絶望はしなかった。単純に慣れがそうさせたのかもしれない。ラスベガスを発ってシカゴのオヘア空港に着く頃にはもう心は切り替わっていた。この期間になにができるかを探そうという前向きなエネルギーが体中に流れていた。

　早速、ツアーに同行してくれていたビデオグラファーのジェシーに相談した。YouTubeに新しい作品をアップしないか、と。すぐにアイディアが浮かんできた。

　僕のスタンダップコメディの作品の音声に合わせて、「再現コント」を撮れないかと考えたのだ。すでに舞台で行ったライブパフォーマンスの「音声」だけを抜き取り、その場面を、僕を含めた実際の俳優がキャラクターになりきり演技をするという試みだ。僕はそれを、「Standup Comedy（＝スタンダップコメディ）」と「Sketch（＝コント）」を合わせ、「Stanch（＝スタンチ）」と名付けた。せっかくYouTubeに

アップするのだから、デジタルの強みを生かして、ただの
スタンダップの舞台より、状況を可視化できるものを届け
たいと思った。

　早速、キャラクターを演じるための衣装を揃えなければ
ならなかった。幸い、時期は完璧だった。ハロウィーンに
合わせ、街のいたるところで臨時のコスチュームショップ
が営業していた。そこで衣装を揃え、友人のコメディアン
に出演を依頼した。二つ返事で了承してくれた。

　こうして僕らの「スタンチ・プロジェクト」がはじまっ
た。この原稿を執筆している今まさに、撮影は佳境を迎え
ている。

6.ポストコロナのコメディ

(1) ダイバーシティ

　このコロナで実に多くのアーティストが職を失った。コ
メディだけではない。ライブ活動ができない中、数え切れ
ない表現者たちが、その表現をすることすら叶わない一年
を過ごした。夢を諦めた者もいるだろう。コメディ界でも
多くの人材がマイクを置いて、舞台から去ることを決意し
た。

　僕もそれまでの収入がゼロになった。家賃を払えず、い
つ家を追い出されるかがわからない日々がやってきた。わ

かってはいたつもりだったこの仕事の「不安定さ」を目の当たりにした。

　そうした現状を嘆く人々もいた。行き場のない怒りを滲ませる人もいただろう。

　つくづく、世の中なにが起こるかわからない。今日まで絶好調だった日常が、明日にはどん底になるかもしれないらしい。そして、誰にも文句は言えないらしい。

　スタンダップコメディという収入源が断たれた僕は、がむしゃらに自分のできる仕事に食らいついた。生きていくためだ。それまでだったら「ボール球」だった仕事にも手を出そうと決めた。

　それまで続けていた雑誌へのコラム執筆があって助かった。英語のオンラインレッスンもはじめた。翻訳に通訳、ほかにも単発でたくさんの仕事をした。

　そこでやっと気がついた。今、僕自身の活動にもダイバーシティ（多様性）を持たないといけない時代になったのだ。コメディアンがコメディだけしていればいい時代は、もしかしたらもう終わったのかもしれない。なにが起こっても誰のせいにもできない「世知辛い」今を生きるには、人生の引き出しは多い方がいいに決まっている。

　いろいろな経験を重ねた先に滲み出てくることばの「奥行き」を追い求めるのも悪くない、と思っている。

⑵ コメディの可能性

　言うまでもなく、コロナ禍は人々にあまりにも深すぎる
「傷」を負わせた。世界中の人々が大切ななにかを失った
に違いない。

　「こんなときこそ笑いが必要だ」

　ということばが繰り返し聞かれた。なんとも言えない違
和感があった。毎日たくさんの人が死んでいっている中で、
僕は安易にそんなことばを言えないと思った。人を笑わせ
る仕事の身として、「傷」を負う人をどう笑わせればいいか
なんてわからなかった。なんて暴力的なことばなんだとさ
え思った。

　昨年９月、シカゴでショーに来ていた老夫婦に終演後、止
められた。

　「あなたにお礼を言いたいの。私たちに外に出る理由をく
れてありがとう。久しぶりにこんなに笑ったわ」

　コメディは本当に人の「痛み」に寄り添うことができる
のだろうか。対立し合う者同士の「対話のきっかけ」にな
れるのだろうか。まだわからない。それでもこうして、ど
こかの誰かを笑顔にできるのならば、僕は思う。

　「こんなときこそ笑いが必要だ」

コメディ事件簿 (2)

「チャンス・ザ・ラッパー乱入事件」

シカゴ出身で世界的ラッパーのチャンス・ザ・ラッパーが、僕が司会をしていたオープンマイクにやってきた。リストに書いてある名前を思わず二度見したけれど、彼に間違いないようだ。いざ、名前を告げると会場は大盛り上がり。舞台にあがったチャンスは渾身のネタをかけたが、結果はドンスベり。ものすごい空気になった。それでもスターは颯爽と舞台を去っていきました。

「エディンバラ、スコッチ事件」

2018年、エディンバラで1ヶ月間の公演をした。その際、「もしスベったら、慰めの意味でスコッチを一杯飲む」と決めた。結果、32夜連続でスコッチを飲むことになった。それ以来、スコッチはトラウマになった。

「酔っ払い舞台ジャック事件」

2019年、シカゴの深夜のショーでのこと。もともと酔客の多い時間帯。ショーが進むにつれ、客席のボルテージも上がる。そしてトリの僕の名前が呼ばれたとき、なぜか僕より先にベロンベロンのおっちゃんが舞台へ。舞台から下ろすまでに持ち時間の半分を要してしまった。

エディンバラの
フェスティバルの
中心地
「ロイヤル・マイル」

chapter 6

今後の展望と夢

My Dream

「夢」は口に出すことにしている。

「そうすれば、いつかは現実になるから」という絵空事を信じているわけでもない。実際、現実にならない「夢のまた夢」で終わることの方がはるかに多い。でも、心の奥底にしまい込んでいるだけでは、「夢」は決して育たない。

口に出すことで、今の自分に足りない部分だって見えてくる。たとえ自分では気づかなくても、まわりには見えることだってあるだろう。「ここが足りていないよ」と指摘してくれる人もあろう。

ありがたいことにこれまで、僕のまわりにはそんな助言をくれる人がたくさんいた。

一方で、散々僕の「夢」を笑ってくれる人もいた。僕が叶えたいことは、「日本人には無理だ」と。でも、これもありがたいことに、「僕には無理だ」と言う声をまだ聞いたことがない。

「もしもなんでも成功するとしたら、なにをするだろう。もし、頭に浮かんだことがあるのなら、それを今やればいい」

僕の人生のモットーだ。

そんな空想家と紙一重の考えで、「夢」を綴っている。そしてそれを部屋の見えるところに飾って、毎日眺めることにしている。日に日に「夢」に近づいたり、ときに遠ざかったりするが、理屈を抜きにして、なんだかんだでいつかは叶うと

心の芯で信じている。というより、叶えるまでやり通すと決めている。

　好きなことを好きなだけ、できるまでやり通す。贅沢な人生だと思う。

1.ドリーム・プラン

　これまでの人生で学んだことが少しだけある。

　なにかを達成するには、「人」と「お金」と「時間」が不可欠だということだ。

　至極当然でもある。人間、ひとりではなにもできない。スタンダップコメディという「ひとりで」舞台に立つ仕事でさえ、多くの「人」のおかげでできている。大きなステージにステップアップしていくほど身にしみて感じた。

　「お金」だって避けては通れない。もちろん、「お金」がすべてではないし、ポール・マッカートニーの言うように、「愛はお金では買えない」のも知っている。でも、どうしても成し遂げたい目標を、「お金がないからできません」という理由で諦めるのはあまりにももったいない。

　そして、最後のこの「時間」という概念こそ、日本にいた時分はあまりにも意識していなかったことである。「いつまで」に達成するのかということに無頓着すぎたのだ。思えば小学生の頃から、なんの疑問も持たず順算的にものごとを習

ってきた。

「今日は2の段、明日は5の段を覚えましょう。来週は4の段です」

　とは言われたが、

「いつまでに九九をすべて言えるようになりましょう」

　と明示された覚えはない。

　アメリカに来てなにかしらのプロジェクトを企画するたびに、ひとつひとつの工程の「デッドライン」が決められていたことがカルチャーショックだった。「大きな目標」にいたるまでの「小さな目標」を逆算的に決めることなど、それまでの僕は考えたことすらなかった。

　それ以来目標は逆算的に「いつまで」に「これ」をする、と期限を設けて定めている。そうすると、今自分がどれほど遅れているのかが、嫌でも目に入る。将来の大きな「夢」を達成すべく、毎年なにをすべきなのかを考え記してきた。

　「有言実行する」と高らかに宣言したからには、これをお読みのみなさまにも発表しなければ示しがつかないであろう。みなさんはその「証人」だ。僕がサボっていたり、達成できていなかったら、「なにをしているんだ」と罵倒してくれればいい。

夢

(1) 『サタデー・ナイト・ライブ』に

日本人初のレギュラー出演！

(2) スタンダップコメディアンとして

1時間のスペシャルをNetflixで配信！

(3) アメリカで、自分の主演するコメディ映画を製作！

(4) 日本にスタンダップコメディのシーンを作る！

(5) 35歳までに武道館単独ライブ！

2021年の達成目標 （★は2020年からの持ち越し）

(1) 60分の作品を創る！★

(2) ヘッドライナーショーを20州で！★

(3) シカゴでライブアルバムをレコーディング！★

(4) アルバムをリリースしてApple Musicで1位をとる！★

(5) アメリカでのTV出演！★

(6) シカゴのコメディクラブでのレギュラー出演！

(7) 『コメディ万博』の主宰、出演！

(8) 『Saku's Radio from Chicago』の定期制作！

(9) フジロックとビルボードでの日本公演！

(10) 365日コメディに身を浸すこと！

～2023 (3年間での達成目標)

1. Netflixでのスタンダップスペシャルに出演！

● Netflixで60分間のコメディスペシャルを製作し出演！

　　→スタンダップコメディアンとして「一流」の証

　　→知名度を拡大させ、ヘッドラインショーの

　　　全米展開のきっかけ

(To Do)

● シカゴのコメディクラブでの定期出演の継続

● Netflixのプロデューサ陣が訪れるフェスティバルや

　コンペティションへのコンスタントな出演

　ex) Just For Laughs, NBC Standup

● TVへの出演

● 60分のネタのブラッシュアップ。作品の発表。

● フォロワーの拡充、目に見える「数字」で示せるか？

● 大手エージェントとの契約？　人脈の構築

2. Just For Laughsへの出演

※毎年カナダで行われるコメディフェスティバルで、コメディアンにとってもっとも名誉とされている

(To Do)

● Just For Laughsのオーディションでの勝ち抜き

● タイトな6分間のネタの構築

3. 30州でのヘッドライナー公演

「赤い州」も「青い州」も「ホーム」も「アウェイ」も

地域によって異なるユーモアの理解と

「アメリカ」を笑わす挑戦

(To Do)

●他州の文脈の理解

●ジョークの幅を広げる

●ヘッドライナーとしてブッキングされるまでの知名度を

4.「コメディ万博」の企画、運営

「コメディの都」シカゴのコメディの力を

全世界にアピールすべく現在進行中のプロジェクト

「コメディ万博」を主宰し継続

世界中からのコメディアンをシカゴに招き祭典を開催

「笑い」で世界を癒す。「声」を届ける

行政をどこまで巻き込めるか

(To Do)

●「チーム」を作ること

●マネジメント、制作、マーケティング、テック、ビデオ、
　デザイン、ファイナンス、弁護士はすでに集まる

●「志」をひとつにするプロフェッショナルを

●セカンド・シティの人々を中心に

●人を巻き込む！　共感を得る！

●ビジネスモデルの構築

●スポンサー企業の確保

5. 賞レースでの「優勝」

※ファイナリストの経験はあるが、いまだに「優勝」できたことがない

(To Do)

●「優勝の壁」を超えるKillできるネタ

●ストーリーテリングのBit

6. コメディクラブでのレギュラー出演の継続

シカゴのクラブでのレギュラー出演の継続

地元コメディアンたちとのより強固なつながり

ショーのプロデュースも行えるように

シカゴをより「ホーム」に

7. 継続的なコーポレートショーへの出演

企業のパーティーやプライベートなイベントでの

ショーへの出演

金銭的なメリット大。生活を支える

場面に応じた作品のメリハリと変化

「お代わり」で呼んでもらえるように

8. カレッジショーへの出演

大学でのショーへの出演

金銭的なメリット大。生活を支える

場面に応じた作品のメリハリと変化

「お代わり」で呼んでもらえるように

カレッジエージェントへの加入

9. スケッチショーの創作

シカゴにて脚本・演出・主演する1.5時間の

スケッチショーを毎月上演

スタンダップコメディにとどまらない「強み」を活かす

『サタデー・ナイト・ライブ』への近道

ライターとしての能力の向上にも。出力の維持

『万博』での発表も

会場選び、出演者選び

10. スケッチの映像を製作

舞台の作品をもとに映像を制作

映像撮影のための資金捻出

セット費用など

宣伝・営業の確立

11. 映画の製作

4年のうちに脚本・主演を担当する映画を創る

インディーでもよいが、長編であること

映画祭への出品

「スタンダップコメディアン、Saku Yanagawa」との差別化

12. スキルの向上

楽器（ギター・ピアノ）の向上

ダンスの向上

英語力の向上

英語のアクセントの習得

有名人のモノマネ

インプロの技術

13. 日本でのスタンダップコメディへの認知度拡大

ビルボードライブでの毎年のソロショー継続

フジロックへの継続出演

雑誌コラムの継続

ポッドキャスト、「Saku's Radio from Chicago」の継続

書籍の出版、認知度拡大へ

スタンダップコメディのブランディング

新たなファン層の獲得

14. アーティストVISAの更新

3年ごとのアーティストVISAを更新

それまでの実績と書類づくり

15. 年収1500万円

〜2027 (35歳までの達成目標)

1. 『サタデー・ナイト・ライブ』の 日本人初のレギュラーに

● 芸の洗練

● オーディションに呼ばれること

● スタンダップコメディの技能、スケッチの技能

● モノマネというスキル

● セカンド・シティでの経験

2. スタンダップコメディ全米ツアー

● アリーナや劇場でのソロショーで全米をまわる

●「シカゴ・シアター」でのソロショー

● スタンダップコメディアンとしての全米的な知名度獲得

● 集客力の獲得

3. 『ニューヨークタイムズ』と 『シカゴトリビューン』掲載

4. ハリウッド作品に出演する

●コメディ作品への出演

●「俳優」としてのスキル向上

●シットコムでの経験

5. 拠点をロサンゼルスorニューヨークに！

●「呼ばれて」拠点を移すこと

●シカゴというホームからの進出を

●TV、映画への本格進出

6. プロジェクトチームの拡充

マネジメントスタッフを含めたチームを会社に

「Saku's」を設立

マネジメントから企画・制作までをまかなえるまでにする

7. 武道館でソロスタンダップ公演

史上初の武道館スタンダップコメディ公演を日本語で行う

日本に「シーン」を根付かせるひとつの証

→約7年間で1万人のファンを獲得する仕組みづくりを
20代のうちに

8. シカゴ・カブスとの仕事

9. 大阪大学での教鞭

10. 年収5000万円

11. アーティスト・グリーンカードを取得

〜2037 (45歳まで)

1. TVの制作

●脚本・主演を務めるTVショーの創作；『Saku's Show』

●シットコム

2. ハリウッド映画への主演

ハリウッドのコメディ映画に主演

アメリカにおけるアジア人コメディアンの代名詞に

3. ワールドツアー
●スタンダップコメディアンとしてツアー

4. 映画『かわいそうなぞう』
●上野動物園園長だった曽祖父の物語を

　ハリウッドで映画化
●残された日記をもとに脚本にし、主演する
●戦争の意味を日本人の「視点」から世界へ

5. 賞の獲得
エミー賞、ゴールデングローブ賞、オスカー賞などの

メジャーな賞の獲得

6.「Saku's」を大きく

7. 日本にコメディクラブを

8. 年収5億を稼ぐ

このように、好き勝手書いてきたが、すべて思い描いたように行くわけがないこともわかっている。

それでも、これまでの短い人生を振り返ったとき、目標に掲げたことは、ただひとつを除き、すべて「有言実行」してきた自負がある。唯一の「失敗」は甲子園に出られなかったこと。18歳までに出るしかないわけだから、僕にはもう叶わない。

ほかの「夢」たちは、たとえまだ達成していなくても、いつか必ず叶える。それまで追い続ければいいだけだ。そして、仮に35歳までに成し遂げると決めたことができなかったのなら、36歳で叶えるしかない。

20年後、この「夢」のリストを笑顔で読む自分に期待している。

2. コメディ界のメジャーリーガーを目指して

幼い頃に思い描いた「メジャーリーガになる」という「夢」はついぞ叶わなかった。

だからこそ僕は「コメディ界のメジャーリーガー」になる「夢」をなんとしても叶えるのだ。日本人でそんな「メジャーリーガー」になったコメディアンはまだいない。もちろん活躍した「先人」もいる。その「先人」のおかげで、僕がここまで来られたのも事実だ。それでも、幼い僕

が夢見た、あの憧れの「打席」に立った日本人はまだいない。誰も見たことのない景色をこの目で見てみたい。僕がパイオニアになるしかない。野茂英雄であり、イチローだ。

　これから数え切れない困難が待ち受けていることはわかっている。誰も踏み入ったことのない「道」をかき分けなければならないのだから。それでもいつか、誰かの「道しるべ」になりたい。

　甲子園に行けなかったとき、ひとつ気がついたことがある。甲子園に出るには、甲子園に行ける学校に行くのが得策だ、ということだ。あのときの僕は桐朋高校で甲子園に行くことに意義があると思った。でも確率はぐんと下がる。常連校に行く方があの「打席」に立つ夢には近づく。

　『サタデー・ナイト・ライブ』に出たいと、これまで繰り返し言ってきた。初めて観たときの感動を今も鮮明に覚えている。生放送で繰り広げられる政治風刺のコントを観て、なんて自由で奥行きのある笑いなんだ、と釘付けになった。70年代には憧れの『ブルース・ブラザーズ』のふたりも出演していた。ビル・マーレイもエディ・マーフィーもアダム・サンドラーもみんなここから羽ばたいた。これまでの45年分の映像を集められるだけ集めた。軽いマニアだ。「いつか僕もこの中に」と思って観ていたら、いつの間にか拳を握りしめながらテレビ画面と向き合っていた。

そして、この番組の歴代レギュラーの半数以上がシカゴの「セカンド・シティ」から輩出されていると知ったのが、シカゴを拠点に据えたもっとも大きな理由だ。彼らに続くため。今度こそ、甲子園に出る「常連校」に行きたかった。

　そこで「息吹」を感じたかった。常に「一流」を生んできた場所には必ず、「人」と「環境」、そして「伝統」がある。その場所の空気を、目一杯吸いたいと思った。そしてわずかばかりも逃すものかと肺の奥まで溜め込んだ。

　ここまで来たからには、試合に勝ち続けるほかない。「結果」を出し続けるしかないのだ。ヒットを打ち続けた先に、まだ見たことのない景色が待っていると信じている。

　そして、あの「打席」で特大のホームランを打つと決めている。

3. 日本にスタンダップコメディのシーンを

　日本で生まれ育ったからには、母国で成し遂げたいこともある。あの日、僕があっという間に「恋に落ちた」スタンダップコメディという「表現の芸能」を、なんとかしてこの国にも根付かせたいのである。このコメディの魅力に多くの人が気づく日が来ることを願ってやまない。「視点」を笑いで届け、意見の違う人をも笑わせる。こんな豊かな「笑い」が、とりわけ今の日本に必要な気がしてならない。

きっと僕がシーンを作らなければならない。

　ジャンルを丸ごと背負う覚悟で、これまで「スタンダップコメディアン」と名乗ってきた。僕という存在を通してこの芸能を知る人だっているだろう。それだけに、日本のメディアに出る際、僕がおもしろくないと思われれば、ジャンルそのものを傷つけることになると思って身震いがした。すでにスタンダップに対して、なんらかのネガティブなイメージを持つ人がいれば、なんとかそれを払拭しようと努めてきた。

　「新しい芸能」として根付かせるべく、これまで「演芸」や「お笑い」の公演がなされてこなかった場所でもステージに立った。フジロックのグリーンステージにもビルボードでのソロショーにも。

　フジロックで誰にも望まれていない中、自分の声がやまびことなって返ってくるぐらいのスベりを披露したのも、決して遠回りではないはずだと自分に言い聞かせている。

　ビルボードを満員にした。終演後の楽屋で、「これは日本のスタンダップコメディにとっての確かな一歩だ」と、グラスの中で弾ける泡に、少しだけ明るい未来を見た。

　僕は今でもスタンダップコメディに恋をしている。そして、父や母に対してとも重なる「尊敬」の念も。この魅力を日本の人々に、伝えて、届けて、響かせるのがスタンダ

ップコメディに対しての誠意だとも感じる。

　そして僕はここに宣言する。

　35歳になるまでに、必ず武道館でスタンダップコメディのソロ公演をする。この「夢」は3年前から掲げてきた。35歳まではあと7年。僕は、10年がかりで1万人のシーンを作る、というミッションを自分に与えた。そのミッションがこんなにも難しいことだとは、わかっていたようで、まるでわかっていなかった。

　でも、若い世代の僕らにしかできないことだってある。いつだって社会の「うねり」は若者が作ってきた。若い世代が本気で動かなければ、本当の「うねり」なんて起こらないことはこれまでの歴史が証明している。同世代の彼らを動かすほどの、ほとばしる情熱と溢れ出るエネルギーが僕には必要だ。

　今、スタンダップコメディがクリアしなきゃいけない課題は山積みだ。観客だって育っていかなきゃいけない。違う意見の人を笑うことのできるリテラシーだって必要だ。そしてそれはこれまでの「お笑い」とはおよそ違う楽しみ方かもしれない。

　それに、僕ら日本の若者だってこれから明るいことばかりじゃない。今後ますます少子高齢化が進む。多数決が原則の民主主義において、僕らはどんどん不利になる。なに

も考えていなければいつの間にか「住みにくい」世の中が出来上がる。無自覚に無思想なことがあまりにももったいない時代がもう足音を立てて擦り寄ってきている。だからこそ「笑い」で「考えるきっかけ」を与えたい、と切に思う。

　そしていつの日か、シーンを作った先に、日本初のコメディクラブを作りたい。「人」が出てきて初めて「場所」が必要になる。舞台に出る「人」と、それを楽しむ「人」、そんな人たちで溢れかえる空間を夢見て、僕はアメリカで今日も舞台に立つ。

　シーンを作るにはなにより「チームメイト」が必要だ。ここまで読んでくださった「チームメイト」がいることを僕は誇りに思う。プレイボールのサイレンはもう鳴り響いている。

巻 末 特 別 企 画
セルフライナーノーツ
Self-Liner Notes

巻末の付録では「Laugh Out Lab」と題し、
実際に舞台でかけたネタを自ら「考察」する。
いわゆる「セルフライナーノーツ」だ。
スタンダップコメディアンが自らのネタを「解説」することは
野暮にも思えるが、その意図や背景、どのような思索で
これらのBitを書いたのかをシェアすることで、
少しでも興味を持つ方々が増えることを願いたい。

※英語の太字が「セリフ」、日本語の太字が「日本語訳」、通常の日本語が「解説」である。

2020年10月15日
@ラフ・ファクトリー（シカゴ）

このQRコードから公演の
映像がご覧になれます。

1. Intro イントロ

Hi my name is Saku. I came all the way from Japan.
Have you ever seen Japanese guy on a comedy
show before? Me neither.

▲こんにちは。日本から来たSakuといいます。今日の会場
の中で、日本人のコメディアンを観たことある人いる？
僕もないんだ。

〈解説〉

　スタンダップコメディでは、冒頭の30秒までにひとつの

笑いが取れるかが公演の勝敗の分かれ目だ、と言われている。その点、この「イントロ」での狙いは観客に対し、「僕が日本人だとわからせること」と、それを踏まえてひとつの笑いを入れ込むことだ。

　これまで多くの会場で公演してきたが、この「日本人コメディアンを見たことあるかい？」という問いかけへの答えはいつも決まって「ノー」だった。だからこそ、それに対して「僕もだよ」と否定形でシンプルに返して、その稀有さをジョークにしている。改めて、いまだに日本人のステレオタイプとして「真面目」な「サラリーマン」像が根付いていることがよくわかる。

2. Hero ヒーロー

(1) WEAR A MASK 「マスクを着けましょう」

But I am so happy to be in America because America is completely different from Japan. But recently I think America uses the term "Hero" too much.
I went to the restaurant the other day and I found a poster at the entrance. It said "WEAR A MASK BE A HERO"
Are you sure? Can you guys be a hero just wearing a mask? If so, we Asians have been a hero for

fucking40years.

▲アメリカって本当におもしろい国だよね。日本とはまるで違うんだ。でも、最近アメリカで「ヒーロー」ってことばが使われすぎているように感じるんだ。この前もレストランに行ったら、入り口にポスターが貼ってあって、

「マスクを着けよう。そしたらあなたもヒーローだ」

本当に？ マスク着けただけでヒーローなら、アジア人はとっくの昔からずっとヒーローだよ。

〈解説〉

2020年のコロナ禍で作ったジョーク。

3月からCDCの要請でマスク着用が義務付けられたため、街中のレストランやスーパーの入り口に「マスク着用をお願いします」という貼り紙が貼られるようになった。中には趣向を凝らし、ユニークなポスターを貼る店もあり、その一例がこの「ヒーローになろう」というものだった。

コロナ以前から、アメリカではなにかにつけて「ヒーロー」や「チャンピオン」ということばが頻繁に使われ、日本人の僕は違和感を覚えていた。このコロナ禍で、まず医療従事者や最前線で働く人々が「ヒーロー」と呼ばれ出した。そして「ヒーロー」の枠は広がりを見せ、スーパーの店員や、ひいては働くすべての人が「ヒーロー」になった。

そんなとき、実際に見かけたポスターを皮肉にしたのが

このジョーク。コロナ以前からのイメージでもある「アジア人＝マスクをしている」を利用した。

　「ヒーロー」ということばの安売りに対しての意見表明だ。

(2) Perspective〔見方の違い〕

I think "hero" is a matter of perspective. I mean your greatest hero during World War 2 is my grandpa's greatest enemy. That's a bit awkward but kinda true.

▲思うに、「ヒーロー」ってのは、ある種「視点」の問題だと思うんだよね。つまり、君たちにとっての第二次大戦の偉大な「ヒーロー」は、僕の祖父にとっての最大の「敵」なわけで。これ、ちょっと気まずいんだけど、本当なんだよね。

〈解説〉

　見方が変われば「ヒーロー」だって誰かの「敵」になるという話。アメリカ人がなんの疑問も持たずに「ヒーロー」として崇めている人物が、もしかすると他者にとっては「敵」だということもあるかもしれない。実際に僕が体験したエピソードに誘うためのひとつのフックとして、この「気まずさ」の演出が欠かせない。

(3) **Baseball Game** 「野球の試合にて」

10years ago my American friend took me to the
Wrigley Field for the game. At the beginning, the
announcer said "Ladies and gentlemen please rise
and take your hat off. And give it up for the World
War 2 Hero, Mr. blah blah blah" and everyone
stood and clapped like "Whoooa"
But I didn't know if I should. Because you know…
But I didn't wanna be disrespectful so I stood and
clapped twice. One for each bomb.
What? Too soon?

▲それでいうと、10年ぐらい前、アメリカ人の友達がリグレ
ーフィールドに連れてってくれたんだけど、試合開始のとき、
アナウンサーが

「レディース＆ジェントルメン、会場の皆様、ご脱帽、ご起
立ください。それでは第二次世界大戦のヒーロー、Mr. ○○
に盛大な拍手を！」

って言うんだよ。そしたらスタジアム中が立ち上がって

「フゥ〜」

って大歓声で応えたんだよ。でも、そのとき僕は立ち上が
るべきかわからなかったんだよね。だって、ほら、わかるで
しょ。でも、無礼なのもよくないなって思って、立ち上がっ

て2回だけ拍手したんだ。爆弾1発ずつにね。あれ、これ早すぎたかな？

〈解説〉

　実際に起こった話。リグレーフィールドというのはMLB、シカゴ・カブスの本拠地。メジャーリーグの試合など、アメリカのスポーツイベントではしばしば、退役軍人が試合に招待され、フィールド上で紹介を受け、盛大な拍手を送られる。アメリカのために戦った英雄だからだ。

　僕がカブスの試合を観たときも、第二次世界大戦で活躍したという退役軍人が試合に招かれており、試合開始前にセレモニーが行われた。観衆は「アメリカのヒーロー」に対して惜しみない拍手を送っていたが、そのときなぜだか僕の頭にはふと祖父の顔がよぎった。

　広島で青年期を過ごした祖父は、太平洋戦争末期、現在の広島大学在学中に学徒出陣で出兵し、訓練先の筑紫で終戦を迎えた。そして故郷に戻ると、原爆によって大学はおろか、街は変わり果てた姿になっていた。友人も失った。そんな話を聞いていたからこそ、いまだにアメリカ国民の大半が「原爆投下は戦争終結に有効だったから、必要だった」と考えていることにむず痒さを覚えずにはいられなかった。

　もちろんこの球場で拍手を送る人々も、悪気などあるはずはない。無意識に「ヒーロー」の功績に対して賛辞を送

っているだけだ。それを僕というひとりの日本人はどう見るのか、という「視点」を与えたかった。「2発」というのはもちろん広島と長崎。この事実を知らないアメリカ人だっている。そのためには「前フリ」が必要なこともある。だからこそ、舞台袖でその日の観客の歴史リテラシーを見極める作業をしている。

　実際、このジョークの後、会場から、どよめきが聞こえてくることがある。スタンダップコメディアンが際どいジョークを言ったときに会場から漏れる声。これは僕らにとってのひとつの「勲章」だ。

　だからこそ、オチの後、すかさず

　「あれ、早すぎた？」

　と入れる。

　この「早すぎる」というのは、「ジョークにするのには早すぎる」という意味と、「ネタの序盤すぎる」というふたつの意味をかけている。戦後75年以上が過ぎた今でも、いまだセンシティブな話題であることを示唆するとともに、もう少し空気を温めるべきだったかな、という問いかけを観客に対してしているのである。

(4) Janitor「用務員」

But finally I became a hero recently. I just got a job

as a janitor at Mariano's. I just got this suit. You guys are my hero.

▲でも最近ついに「ヒーロー」になったんだ。マリアーノス で用務員の仕事を得たんだ。おかげでこのスーツが買えたよ。 君たちも「ヒーロー」だね。

〈解説〉

　「マリアーノス」というのはシカゴを中心に展開するスー パーマーケットのこと。シカゴ以外の都市でやるときには 「ホールフーズ」など別のスーパーに差し替えることもあ る。

　いずれにせよ、今のアメリカでは、スーパーの用務員で さえ、「ヒーロー」だ。英語では「Essential Workers（＝必 要不可欠な職業）」なんて表現されたりもする。

　でも大事なのは、いくら人々が彼らを「ヒーロー」と呼 んでも、実際に働いている彼ら自身の認識との間に大きな ギャップがあるということ。用務員のうち、「自分をヒーロ ーと思っている」と答えた人は20％にも満たなかったとい うデータが新聞に出ているのを読んだとき、このジョーク を作った。

3. Asian Super Hero Movies
アジアのスーパーヒーロー

(1) Japanese Aqua Man 「ジャパニーズ・アクアマン」

But I think now we need true Asian super hero movies. There have been a lot of super hero movies in America, but there is no Asian super hero but Mulan. So I need one. Something tough. So how about Japanese Aqua Man? He basically provides good seafood from ocean.

"This is tuna. No soy sauce." Actually I went to a lot of sushi restaurants in Chicago but somehow I still can't trust sushi chefs who are good at English. They shouldn't be talkative. I went to fancy sushi restaurants in Loop area. And chef was like "This tuna was locally harvested by a fisherman who recycles and has only one hand. This tuna is Happy Tuna. You can tell by small smile on his lips. His father and mother happily married and⋯What? Soy sauce? I have no idea. It's up to you."
He is fucking bullshit. So Japanese Aqua Man is not the best choice.

▲冗談抜きに、今アメリカにはアジアのスーパーヒーロー映画が必要だと思うんだ。これまでたくさんのヒーロー映画が作られてきたのに、まだアジア系のヒーローって出てないんだよ。ムーラン以外。

　だから今こそ強いヒーローが欲しいんだ。そうだな。「ジャパニーズ・アクアマン」なんてどうだろう？　彼は基本的に新鮮な海の幸を提供してくれるんだ。

　「マグロお待ちぃ。お醤油つけずにお召し上がりください」

　これまで、シカゴでたくさんの寿司屋さんに行ったけど、なぜかいまだに、英語のうまい寿司屋は信用できないんだよ。寿司屋はおしゃべりじゃ困るんだよね。この前行った、ダウンタウンにあるおしゃれな寿司屋も、

　「このマグロはね、環境に気を使う漁師が腕一本で育てたマグロなの。だから"幸せのマグロ"とも呼べるね。ほら、唇を見ればわかるでしょ。幸せな家庭で育ったの。お父さんとお母さんが幸せに結婚して…え？　醤油つけた方がいいかって？　知らないよ、そんなの。お客さん次第でしょ」

　あいつはとんだ偽物だった。う〜ん、やっぱりジャパニーズ・アクアマンはよくないね。

〈解説〉

　そして「ヒーロー」から、話をそのまま「ヒーロー映画」に展開する。近年のマーヴェルやDCなどの映画化ブーム

は多くのスーパーヒーローを生んだ。そしてそれらは極めてダイバーシティに富むラインナップで、今のアメリカの世相を大きく反映している。『ワンダーウーマン』では女性のヒーローも誕生したし、『ブラックパンサー』も黒人のスーパーヒーローとして多くの人々に夢を与えた。

　しかし、その意味でいうとアジア人の、つまり「俺たちの」スーパーヒーローが当時まだ映画になっていなかった（2021年1月現在、マーベルの『シャン・チー』が製作中である）。もちろんこれまでもアジア系のヒーローは存在したが、スカッとするような、「これぞまさに」というヒーローはまだ出てきていない。

　「but Mulan（＝ムーラン以外はね）」というのは、英語の会話でよく見られる「倒置法」で最後にオチを持ってくるパターン。2020年、莫大な予算を投じて作られた実写映画『ムーラン』は残念ながら、コロナの影響もあり、商業的にも成功を収めることはできなかった。そしてなにより、ほかのスパイダーマンやキャプテン・アメリカといったスーパーヒーローとは異なる文脈で理解される「プリンセス」だからこそ、ここで名前を挙げることが、観客の予想を裏切るため、オチになり得るのだ。

　そしてこの後、架空のヒーロー映画を観客に提案してみた。名付けて『ジャパニーズ・アクアマン』だ。ただ海か

ら新鮮な魚介類を提供するだけというなんとも馬鹿馬鹿しいヒーローだが、寡黙で朴訥な日本人の寿司職人の演技とともに表現してみた。寿司を握るのは、何年も修業を経た「職人」だということはアメリカでも理解されている。『Iron Chef』という番組に出演した森本正治氏などは非常に有名だ。

　映画でもたびたび描かれてきた「本物の」寿司職人とシカゴのアメリカ人の寿司シェフには当然大きな隔たりがある。日本人の視点から、その「差」を誇張しながらネタにした。

　アメリカ人の寿司シェフとして演じたのは、近年急増する「おしゃれ寿司バー」だ。カリフォルニアロールなどのいわゆる「ロール」系の寿司を提供することが多く、まるでカクテルのようなおしゃれなタイトルがつけられていることが多い。そして、やたらと「オーガニック」ということばを使いたがる。まずいとは言わないが、高価な値段には見合わないというのが正直な感想だ。そしてこの演じたシェフのように、能書きを垂れる人もいた。そんないわゆる「鬱陶しい寿司屋あるある」をネタにしてみた。

(2) Chinese Bat Man「チャイニーズ・バットマン」

So how about another hero whose name is Chinese Bat Man? He is powerful and can save your life. But you will have to stay home for two weeks. Okay, that's too soon guys.

▲じゃあ、ほかには「チャイニーズ・バットマン」なんてどう？　彼はパワフルだよ。きっと君たちを助けてくれる。あ、でも、家で2週間は隔離しなきゃダメだけどね。うん、このジョークは確実に早すぎたね。

〈解説〉

　そして、実は「ジャパニーズ・アクアマン」は、この「チャイニーズ・バットマン」への布石でもある。

　いまだに、アメリカではコロナウイルスを、「中国の作り出した生物兵器だ」と信じこむ者が一定数存在する。なにが本当の原因なのかは誰にもわからないが、「中国のコウモリ」から変異したという説も根強い。コロナをジョークにするのは、「ギリギリ」のラインだが、この日このジョークがボーダーと判断した。

　このネタで、僕は中国を悪く言っているわけではない。むしろ、「中国のウイルス」と呼ぶ無神経さを笑っているのである。次への展開も含め、アジア系の目線から、このコロナウイルスへのアメリカ人の認識をジョークにしてみたかった。そしてこのジョークに笑った観客自身が、無意識に笑った自分を通してなにかを感じ取るチャンスになれば

おもしろい。

　ちなみに、よくコメディアンの間でジョークの「アウト」か「セーフ」かを判断するときに言われるのが、「It depends on how to deliver.（＝どうネタフリをするか次第）」ということば。このジョークはまさに、その「ネタフリ」を丁寧にしなければ、一線を越えてしまい兼ねない取扱注意物件だ。

　そしてここでも、このジョークをコロナ終息前にかけるには「早すぎた」と締めた。

4. Corona コロナ

(1) Hey Corona! 「ヘイ、コロナ！」

I said this because I still remember in February Donald Trump called coronavirus "China Virus". That was crazy actually. When I got up on stage in March one of the audience member yelled at me "Hey corona!" That was crazy.

But he was drinking Heineken. So I was like "Hey waiter, please bring 5 fucking corona beer for that racist and who pays? Mexico"

That's what Trump supporter says right?

▲でも、あえてこの話をしたのには理由があるんだ。2月にトランプ大統領が「コロナウイルス」のことを「チャイナウ

イルス」って呼んだでしょ。あれは問題だよ。僕が３月に舞台に上がったら、客のひとりが大声で叫んだんだ。

　「ヘイ！　コロナ！」

　って。でもそいつをよく見たら、ハイネケン飲んでたんだよ。だから舞台の上からウェイターを呼び止めて

　「ちょっと、ウェイター！　あの人種差別主義者にコロナビールを５本持ってって。でもって、誰が払うと思う？　メキシコさ」

　それってトランプ支持者のセリフだったね。

〈解説〉

　そして、「チャイニーズ・バットマン」を経て、今度は自分自身へ「差別」のベクトルが向いたエピソードを観客に提供した。「アジア人」であることで受けた、「差別」への怒りを笑いにまぶして伝えることで、観客を同じ「舟」に乗せる効果もある。先ほどの「チャイニーズ・バットマン」のネタの意図や狙いがここで今一度伝わり、「毒」を和らげる作用も期待できるというわけだ。

　最後に、ビールの銘柄とかけて、トランプがメキシコ人に対して放った過去の差別発言を引用し、「マジョリティ→アジア人」に留まらない、別のベクトルの差別の存在を示した。被差別の対象が、無自覚に他者を差別してしまっていることもよくある、ということを共有したかった。

(2) **Interracial Couples**〔国際カップル〕

I think Trump should have called it "Yellow Fever"
No one gets it. We better work. Yellow fever techni-
cally means people who are obsessed with Asian
women like me. I am yellow-fevered too. I think
there are a lot of interracial couples in Chicago and
even back in Japan, which is cool. But somehow
most of the time white men and Asian women. I am
tired of them. So whenever I see them I think "wow
that motherfucker steals our national resources"

▲トランプはコロナを「イエローフィーバー」って呼んだ方
がよかったと思うな。あれ、ひとりもついてきてない？　も
うちょっとわかりあえたらいいのにね。

　「イエローフィーバー」ってのは「アジア人好きな人」って
意味の俗語なんだ。だから言ってしまえば僕も「イエローフ
ィーバー」だね。でもシカゴだけじゃなくて、日本にも本当
に数多くの国際カップル、つまり人種の垣根を越えたカップ
ルがいるね。それ自体はいいことだと思う。でも、なぜかほ
とんどの場合、「白人男性」と「アジア人女性」っていうカッ
プルなんだよね。正直ちょっと飽きてきちゃった。だからそ
ういうカップルを見かけるたびに、

　「あの野郎、日本の"天然資源"を盗みやがって」

って思うようになっちゃったんだよね。

〈解説〉

　「イエローフィーバー」の元来の意味は「黄熱病」である。野口英世がその研究に大きく貢献したことでも知られる。

　しかし、英語のスラングでそれは「アジア人が好きな人」を意味する。ほかにも「ジャングルフィーバー」といえば「黒人が好きな人」という意味になる。

　これまで歴史的にみても多くの国際カップルが生まれ、作品にも描かれてきたのにも関わらず、多くが白人男性とアジア女性という構図だった。『蝶々夫人』にしても『SAYONARA』も、『ミス・サイゴン』だってそうだ。

　「オリエンタリズム」という価値観のもとに、アジア人女性は神秘化され、「一歩下がって男に尽くす可憐な存在」として長らくアメリカのポップカルチャーで描かれ続けてきた。一方で、アジア人男性は、セクシーさを剥奪された存在として描かれ、古くはハウスメイド、今でもオタクとしての描かれ方がステレオタイプ化したように、「過小評価」され続けてきたという言説も多い。

　無論、両者とも近年では批判の対象となり、脱ステレオタイプ的な描かれ方をしてきてはいるが、実際の生活においても、僕の経験からすると、「アジア人男性と白人女性」というカップルよりも、「白人男性とアジア人女性」の方が

多いと言わざるを得ない。

　そこで、それらの現状を、少々強すぎる表現を交えてジョークにしてみた。蓄積された歴史に対して疑問を投げかけるには、これぐらいの強さが必要だ。

(3) **Uber Driver**「Uberとナンパ」

That is a bit harsh but some of you can understand. For example when you find a beautiful woman and ugly guy on the same car you would wish
"That guy must be an Uber driver"
Then I always look for the sticker to see if she is available for pickup. I can give her 2 min quick ride if she requests. For your information I just got a job as an Uber driver. I am your hero.
▲今のはちょっと言い過ぎかもしれないけど、でもこの会場の中の何人かはわかってくれるはずだよ。たとえば、めっちゃ綺麗な女の人と、ブサイクな男が一緒の車に乗っていたら、きっと

　「神様、この男がどうかただのUberの運転手でありますように」

　って祈るでしょ。僕の場合、いつもそれでUberのロゴシールが車に貼ってないか探すんだ。それで、彼女が「ピック

アップ（＝ナンパ）」可能か調べるんだ。もし、可能なんだったら、彼女に２分の楽しい「乗車」をあげてもいいんだ。あ、誤解しないで。僕、実は最近Uberの運転手の仕事もゲットしたんだ。そう、だから「ヒーロー」なんだ。

〈解説〉

　むき出しのことばでジョークにはしてみたものの、それに対してのフォローをするのも必要だ。抽象的な話から、普段の生活で出くわす具体的な話に転換する必要がある。観客にビジュアライズさせることも非常に重要な要素のひとつである。

　そのため、アメリカではもはや僕たちの生活の一部でもある「Uber」を例に出した。今や、シカゴの街で地元住民はタクシーを使わない。スマートフォンのアプリでUberを利用する方がはるかに便利で安い。呼んだ場所まで迎えにきて、目的地まで送ってくれる。

　そして融通の利く仕事として、Uberのドライバーになる者も非常に多い。特にこのコロナ禍で、職を失った人の多くがUberのドライバーとして食いつないだ。そして彼らもまた、人々にとっての生活に欠かせない役割を果たしていることから、「ヒーロー」と呼ばれた。

　このネタの後半部分は英語のことば遊びだ。Uberで迎えに行くことを「Pickup」という。ただ、この「Pickup」に

は「ナンパ」という意味もある。つまりUberのロゴが車に貼っていないかを探す行為は、美しい女性が運転手と恋仲でなく、Uberの運転手と乗客、という関係であることを確かめ、ナンパするためという意味になる。

　だからこそ、そのあとの「Ride」ということばは乗車という意味のほかに、「上に乗る」、つまり性交を示唆することばになる。

　僕が街で見かけた美しい女性を「ナンパしてセックスしようとしている」と勘違いした観客に対して、「いや、実は僕も最近Uber Driverになったんです」とカミングアウトし、ことば遊びのタネを明かす構成だ。

5. America アメリカ

(1) Anime「アニメ」

But America is interesting. I just realized recently Japanese anime pornography has been big in this country called "hentai". But that's strange actually. That's weird. They masturbate to Japanese cartoons. I can't do the same. I mean I can't masturbate to American cartoons. Sponge Bob will never make me cum. I have tried.

▲それにしてもアメリカはおもしろいね。最近気がついたん

だけど、日本のポルノアニメがこっちで相当人気みたいだね。「Hentai」なんて呼ばれてるみたい。でも、ちょっと理解に苦しむんだよね。だって日本のアニメをオカズにマスターベーションするんでしょ。僕に同じことはできないんだよね。あ、つまり、アメリカのアニメではできないってことだよ。スポンジボブでは絶対にイケないね。試したけど。

〈解説〉

「5．America」はアメリカの文化そのものをネタにするBitだ。

その一発目が、「アメリカで受容される日本のポルノ」というジョーク。日本のポルノ動画はアメリカのみならず世界中で大きな影響力を持つ。たとえば世界最大のポルノサイト「Pornhub」において、検索ワードランキングで「Japanese」が堂々の1位を記録したというニュースもあるぐらい。

とりわけ、その「エキセントリックさ」「ナンセンスさ」が取りざたされることが多い。タコと交わる「吸盤もの」などはこれまで様々な媒体でたびたびジョークにされてきた。それらは「Weird（＝変だ）」と形容され、日本のポルノのひとつのステレオタイプにもなっている。

しかし、僕から言わせれば、アメリカだって十分におかしいはずだ、というのをネタにしたかった。「Hentai」と

いうことばは今や立派な英語だ。しかし日本語の「変態」とは異なり、日本の「ポルノアニメ」を指す。異国のアニメが性的な意味でここまで受容されることがこれまで不思議でならなかった。

　それを「スポンジボブ」という、およそ性的な描写を持たない王道アニメと比較することでオチにした。

(2) Tattoo「タトゥー」

Also I got surprised that a lot of people got tattoo on their bodies, which is cool. But in Japan traditionally having tattoo means joining Japanese mafia called Yakuza. So if you have a tattoo you cannot even go to a public swimming pool. So when I came to Chicago for the first time I thought "wow Japanese mafia finally expanded their territories and most of the members are white men with man buns."

▲それと、もっとびっくりしたのは、たくさんのアメリカ人がタトゥーを入れてるってことだね。それ自体はいいと思うんだ。でも、日本でタトゥーを入れるっていうのは、伝統的には意味合いが少し違っていて、「ヤクザ」という、いわばマフィアに入ることを意味してたんだ。だから今もタトゥーが

入っていると、プールに入れないなんてとこもあるんだ。

　だから、僕が初めてシカゴに来たとき、

　「わぉ！　ついに日本のヤクザがテリトリーをここまで広げたんだ。で、ほとんどの構成員が白人男性で、髪をお団子にしてるやつなんだなぁ」

　って思ったね。

〈解説〉

　タトゥーの文化もおもしろい。日本に比べ、タトゥーや刺青への敷居がはるかに低いアメリカでは、タトゥーがある人の数は桁違いだ。

　近年、「和彫り」が若い人々の間で流行を見せている。そしてこの「和彫り流行り」の影響から、日本人の大半が体に入れ墨をしていると思っている人も少なくない。

　せっかく「初めての」日本人コメディアンなのだから、文化的なレッスンをするのも使命である。日本社会におけるタトゥーの背景などを、偏見なく語ったつもりだ。

　そしてオチの部分。これはもちろんジョークだ。本当にヤクザが領地を広げたなどとは思っていない。

　ただ、この「白人男性でお団子頭」という特徴は、アメリカで「ヒップスター」と呼ばれるいわゆる「おしゃれさん」の像を想起させる。そして彼らの多くが、ファッション性の高い目立つタトゥーを体に入れている。

(3) Samurai 「サムライの刀」

And I also realized that some of them really like Samurai culture so much like samurai sword. But now the only time I can see samurai sword is being used here is white obese kid chopping watermelon in his mom's backyard. Also actually samurai didn't use samurai sword at that time because there was no war so they had no chance to use it. But everyday they practiced with it and sharpened it to prepare for the war. It is just like my dick. I have no chance to use it but everyday I practice with it and sharpen it with Sponge Bob. Guys I am finally Americanized.

▲もうひとつアメリカに来てびっくりしたのは、本当にたくさんの人が「サムライ」文化を愛してるってこと。刀とか、チャンバラの映画とか。今のアメリカで、サムライの刀が実際に使われているのって、太った白人の男の子が裏庭でスイカを切り刻んでるときぐらいだけどね。

でも実をいうと、サムライたちの時代って戦争が起こらなかったから、実際に合戦で刀が使われることってあんまりなかったんだ。というより、使うチャンスがなかったんだ。でもサムライたちは、いざというときに備えて毎日、練習して、

刀を磨いてたんだよ。

　だからまぁ僕のアソコも同じことが言えるね。使う「チャンス」はないけど、毎日「練習」して、そして「磨いて」るからね。スポンジボブで。

　ほら、ついにアメリカナイズドしたでしょ！

〈解説〉

　この日、もともとこの「Blue Material（＝下ネタ）」はかける予定がなかった。しかし、出番を待つ中で、ほかのコメディアンのジョークへの反応を見ていると、どうやら下ネタを放り込む方がこの日の客層にマッチするだろうという判断で、急遽入れ込んだ。客層に合わせて下ネタを入れ込むのも、コメディアンの大切な「技術」だ。

　ここでも、サムライ文化に対してアメリカ人が持つひとつの誤解を解く「レッスン」を施した。その上で、先ほどのスポンジボブに帰着できるようなオチを持ってきた。

　これは次の「アメリカに染まった」、つまりアメリカナイズドされた僕、という Bit にもつながる。

6. Americanized アメリカナイズド

But I think I am Americanized so much recently that I get offended easily. Last winter I was waiting for my friend at the Starbucks and random guy came up and he said

"I hope it's a white Christmas"

I'm like "Excuse me!"

"I thought Christmas is for everyone."

That's unfair right? There is White Christmas and

Black Friday. But there is no Asian holidays.

We should work everyday?

Then we can take over labor day.

Okay I thought that was good punchline.

▲でも最近、アメリカナイズドしすぎたせいで、傷つきやす

くなったんだ。去年の冬も友達をスターバックスで待ってた

ら、ひとりの男が入って来るや否や、

　「はぁ、ホワイトクリスマスだったらよかったのによ」

　って言うんだ。だから、たまらず

　「ちょっと！　クリスマスはみんなのためのものだと思っ

てたんですけど！　第一不公平なんだよ。ホワイトクリスマ

スがあって、ブラックフライデーがあるのに、アジア人には

休日がないの？　じゃあ勤労感謝の日をいただくから」

　あれ、このオチ、めっちゃおもしろいと思ってたんだけど。

〈解説〉

　「Snow Flake」ということばがある。「雪の結晶」という

意味だ。もともとは雪の結晶のように、どれひとつとして

同じ形のものはないことから、「ひとりひとり個性があり」「唯一無二の存在」であることを意味した。学校でも、「あなたたちはSnow Flakeなの」のような言われ方がよくされてきた。日本でいえば、「みんな違ってみんないい」というニュアンスか。

　このことばの用例が、近年のポリティカル・コレクトネス遵守の潮流の中で変容を見せている。雪の結晶のように、「脆く崩れやすい」、つまり「繊細すぎて傷つきやすい」という意味で、主に保守層がリベラル層を批判する文脈で用いられるようになった。

　トランプ政権が誕生してから、度重なる人種差別的な発言の中で、連日それらを批判するコラムや記事がメディアに溢れた。保守層はそうした批判を「過敏だ」と揶揄し、このことばが使われるようになったというわけ。

　僕自身の立場からすれば、もちろん人種差別的な発言は到底許されるものではないが、最近のアメリカは少々「傷つきやすすぎる」のも事実。本来の意味をはるかに超越した、およそ言いがかりのようなクレームや「キャンセル」要求も多い。

　そんな「過敏すぎる」アメリカをジョークにした。もちろん「ホワイトクリスマス」の「白」とは雪を指し、人種に言及などしていない。それでも、同名のビング・クロス

ビーの名曲を「ポリティカルコレクトネスに反するから流すな」とラジオ局に苦情が入ることもあるらしい。「ブラックフライデー」だってそこに人種的な意味は内包していないのは自明だ。

そんな過敏すぎる人を演じながら、同時に、「働きすぎるアジア人」というステレオタイプをジョークにした。たとえば、ほとんどの店が閉まるクリスマスでも中華料理屋だけは営業していることから「アジア人は勤勉だ」というイメージを持つ人が多いとか。

アジア人のその長い労働時間を指して「Workaholic（=仕事中毒）」なんてことばもよく耳にする。

歴史的に見ても、アジア人はこれまで冷戦期から「モデルマイノリティ」と称されてきた。つまり勤勉に仕事に従事し、抗議運動などの暴動もさほど起こさない、という意味だ。しかし一方でその像こそ、「勤勉だがユーモアもない」という固定概念と結び付けられてきた。このジョークで笑いを取ることで、その打破にもつながると信じている。

7. Trump トランプ

But I have been performing many countries and my favorite was Scotland, the UK. Because I just realized Scottish vocabulary is completely different from American. For example, French Fries are Chips, elevator is lift, garbage is rubbish, and Trump is cunt.

▲あぁ、でもアメリカだけじゃなくてこれまでたくさんの国々で公演してきたけど、お気に入りはスコットランドだな。だって英語の語彙がアメリカと全然違うんだもん。たとえば、「フレンチフライ」のことは「チップス」って言うし、「エレベーター」は「リフト」、「生ゴミ」は「ラビッシュ」、そして「トランプ」のことは「ろくでなし」って言うんだね！

〈解説〉

　最後のオチに持ってきた「トランプジョーク」。

　まず、アメリカでは伝統的にテレビでの検閲が厳しく、「放送コード」が定められているため、「放送禁止用語」も基準は明確だ。たとえば「bitch」は「セーフ」でも、「shit」はギリギリ「アウト」というように。もちろん「fuck」は確実に「アウト」だが、それよりも数倍も過激でいわば「超放送禁止用語」なのが、女性器を表すこの「cunt」ということば。「C Word」なんていう風に呼ばれて危険視されている。

　2018年、スコットランドで公演した際に気がついたのだが、同じ英語圏でも、スコットランドではこの「cunt」を日常の会話でも非常によく使う。人を罵るときの表現と

して、「あいつはcuntだ」なんていうふうに用いられる。い わば方言だ。そしてアメリカでも、スコティッシュではよ く用いられるということは広く知られている。

　だからこそ、両国のことばの違いを羅列しながら最後に、 「トランプはcuntだ」と締めた。ただやみくもにトランプ を批判するだけならこれまで数え切れない人々が行ってき た。いわば手垢のついた笑いだ。それでも世界を実際に旅 して、「英語」という未知の言語に触れる中でわかった「新 しい」ことばの使い方だからこそ、僕が言う意味がある。

　昨年2月に「チャイナ・ウイルス」と呼んだエピソード を挿入したことで、トランプへの煮え切らない思いも「フ リ」にできている。

　もちろんトランプ支持者の多い州でこのネタをかけるに は注意する必要がある。「日本人のくせに」とか「トランプ 批判は許さない」という観客もいないことはない。それで もアメリカには、大統領という「ジョークにすべき対象」 をみんなで笑い合ってきた長く確かな文化がある。このジ ョークもこれまで、右左の垣根なく愛されてきた。日本に は政治風刺が根付かないと嘆く人もいるが、アメリカで舞 台に立つ身としては、このことに関する「笑わせ方」と「笑 い方」の文化がまるで異なる気がしている。

閉幕　Finale

　思うに、野球は人生に似ている気がする。「ホーム」（家）を出て、「フィールド」（荒野）を一周し、もう一度「ホーム」に「安全に」（セーフで）帰らなければ点は入らない。

　僕も今、これまで誰も見たことのない景色を見るために、アメリカという広すぎる荒野を駆け抜けている最中だ。

　ハタチまでは1塁ベースに向かってがむしゃらに走った。なにも考えず、ひたすら「メジャーリーガー」を夢見て突っ走った。ときに理不尽なことにさえ歯を食いしばりながら。

　でも、結局のところ、僕は逃げた。そして逃げた先でこそ、誰にも負けないと誓った。そのとき見つけたスタンダップコメディが、僕に2塁ベースへと向かう理由をくれた。掻き立てられるように必死でまた走り出した。

　いつだって「逃げ」と「挽回」は背中合わせ。どんなに好きで心を注いだものからも、逃げちゃいけない決まりなんてない。歯を食いしばって、それでもしんどいなら思い切り、全速力で逃げればいい。その代わり「逃げ」た先で、誰よりも努力し「挽回」して一番になるしかない。そして、きっとこれまで歩んだ人生が、「逃げ」るべき場所の「サイン」をくれる。「サイン」を見落としたくはない。

野球から逃げ、６畳のワンルームからはじまった僕の大きすぎる「夢」は、いつの間にか多くの人を巻き込んで、想像していなかったところまできてしまった。

　28歳の今、いったい僕はフィールドのどこを走っているのだろうか。ようやく微かに２塁ベースが見えてきた気がする。野球をしていた頃、１塁を蹴ったとき、急にフィールド全体が見えて、本当にホームまで帰れるのか不安に駆られた。けれども、進んだ先に必ず２塁があることは知っている。そして走るのをやめてしまえば、決して点は入らない。

　そんな原野の旅路のど真ん中で、「今」を綴ったつもりだ。これから先、足を挫いてしまうこともあるだろう。予期せぬ走塁妨害にだって出くわすかもしれない。それでも、ひとりの旅路は続いていく。

　だからこそ、この本を「今」だけでなく、２塁に着いたとき、３塁に着いたとき、そして塁間で迷ったときにも読み返したい。きっと「サイン」をくれるはずだ。そして、できることなら、一緒に「ホーム」に「生還」したい。いつの日か、みんなに笑顔で迎えられながら、「ホームイン」する日を夢見ている。

　その日まで、僕は舞台に立ち、たたかい続ける。

Saku Yanagawa

スタンダップコメディアン。
1992年5月20日生まれ。大阪大学在学中に単身渡米し、
アメリカのコメディクラブで舞台に立ち始める。
これまで数多くのスターを輩出したシカゴの名門コメディ劇団
「セカンド・シティ」でデビューを果たすと、全米でヘッドライナーとしても公演。
現在、シカゴの複数のクラブにレギュラー出演し、年間400本のステージに立つ。
アメリカのみならず、アフリカやヨーロッパを含めた10カ国以上でツアーを行う。
日本でもフジロックをはじめ、テレビやラジオにも多数出演。
アメリカの紙面で「Rising Star（期待の新星）」と称される。
シカゴ在住。本名は柳川朔。

Get Up Stand Up! たたかうために立ち上がれ!

2021年3月15日　第1刷発行

著者	Saku Yanagawa（サク・ヤナガワ／柳川朔）
デザイン	大久保裕文＋小渕映理子（BETTER DAYS）
撮影	Ashley NiCole'（book jacket）／ 山本嵩（本体表紙、P6、7、8、111）
編集	松本貴子（産業編集センター）
発行	株式会社産業編集センター 〒112-0011　東京都文京区千石4丁目39番17号 TEL 03-5395-6133　FAX 03-5395-5320
印刷・製本	株式会社東京印書館

©2021 Saku Yanagawa Printed in Japan
ISBN978-4-86311-290-2　C0095